I0833079

LA CLOCHE
DU TRÉPASSÉ,

OU

LES MYSTÈRES

DU CHATEAU DE BEAUVOIR,

PAR

Le Bon de LAMOTHE-LANGON,

AUTEUR du *Diable*, d'*Un Fils de l'Empereur*, de *Monsieur et Madame*, de *Reine et Soldat*, de *Cagliostro*, de *Roi et Grisette*.

I

PARIS,
CHARLES LACHAPELLE, ÉDITEUR,
RUE SAINT-JACQUES, 75.

1839.

la Cloche du Trépassé.

Ouvrages de G. Touchard-Lafosse.

LES RÉVERBÈRES, chroniques de nuit du vieux et du nouveau Paris, 6 vol. in-8. 30 fr.

LES BOSQUETS DE ROMAINVILLE, 2 vol. in-8. 10

MARTHE LA LIVONIENNE, 2 vol. in-8. 10

RODOLPHE OU A MOI LA FORTUNE, 2 vol. in-8. 10

LA PUDEUR ET L'OPÉRA, *deuxième édition*, 4 vol. in-12. 10

LES AMOURS D'UN POÈTE, 2 vol. in-8. 10

CHRONIQUES des châteaux des Tuileries et du Luxembourg, physiologie des cours modernes, 4 vol. in-8. 20

(L'ouvrage est entièrement terminé.)

MÉMOIRES D'UN FROTTEUR SUR LA COUR DE LOUIS XVIII ET DE CHARLES X, 2 vol in 8. 10

Ouvrages de Lamothe-Langon.

LA FEMME DU BANQUIER, 4 vol. in-12. 12 fr.

MONSIEUR ET MADAME, 2 vol. in-8. 10

Mlle DE ROHAN, 2e *édition*, 4 vol. in-12. 12

L'AUDITEUR AU CONSEIL D'ÉTAT, 2e *édition*, 4 vol. in-12. 12

CAGLIOSTRO OU L'INTRIGANTE ET LE CARDINAL, 2 vol. in-8. 10

LE GAMIN DE PARIS, 5 vol. in-12. 15

LA PRINCESSE ET LE SOUS-OFFICIER, 5 vol. in-12. 15

LE DIABLE, 5 vol. in-12. 15

LE CHANCELIER ET LES CENSEURS, 5 vol. 12. 15

LA CLOCHE DU TRÉPASSÉ, 2 vol. in-8. 10

L'ESPION RUSSE, OU LA SOCIÉTÉ PARISIENNE, 2 vol. in-8. 10

LE ROI ET LA GRISETTE, 2 vol. in-8. 10

LES JOLIES FILLES, 2 vol. in-8. 10

REINE ET SOLDAT, 2 vol. in-8. 10

LA CLOCHE
DU TRÉPASSÉ,

OU

LES MYSTÈRES

DU CHATEAU DE BEAUVOIR,

PAR

Le Bon de LAMOTHE-LANGON,

Auteur du *Diable*, d'*Un Fils de l'Empereur*, de *Monsieur et Madame*, de *Reine et Soldat*, de *Cagliostro*, de *Roi et Grisette*.

PARIS,
CHARLES LACHAPELLE, ÉDITEUR,
RUE SAINT-JACQUES, 75.

1839.

I

Rencontre nocturne.

Que nous indique cette lumière?
Que sais-je! une fête, ou un trépas.

— Nous n'atteindrons pas le pont de l'Aude avant minuit, si nous ne pressons pas davantage le pas de nos chevaux; et Dieu sait ce qui nous attend au milieu de cette campagne si âpre, si raboteuse et où les loups, les routiers et les revenans tiennent sans doute le sabbat, leur cour d'amour et leurs conseils diaboliques. Par saint Sernin! je vous en conjure, sire Izalguier, donnez un bon coup d'éperon, et retirons-nous de cette terre maudite.

— Maître poltron, lui fut-il répondu; convenait-il au plus couard des écoliers de la bonne ville de Tolose de prétendre aux honneurs de la chevalerie en chevauchant à ma suite; oui, à celle de messire Gallois Izalguier, vicomte de Fourquevaux et fils du très haut et très puissant prince Pons-Izalguier, *docteur en droit,* chevalier, et l'un des premiers de la noble province de la Langue d'Oc.

Oh! monseigneur, je sais qui vous êtes, et chaque jour je rends grâce à mon heureuse étoile, qui a daigné mettre sur votre chemin, dès notre tendre enfance, Paschal

Bonnet, honnête fils de discrète personne et honorable bourgeois Pierre Bonnet, en son vivant marchand de draps à la Pierre (1). Je n'ignore pas que tous les deux avons fait nos études à l'université de Tolose; que vous, peu habile clerc, avez appris à manier l'épée, à diriger la lance, à décocher la flèche, tous exercices de grands seigneurs et hauts barons; moi, au contraire, je me suis nourri de fine fleur de science, et à mesure que mon esprit s'est ouvert, ma poltronnerie s'est développée.

— N'as-tu pas de honte, Paschal, d'avouer de tels sentimens? Quoi! au moment où j'ai fait de toi mon écuyer, lorsque je compte t'amener à la guerre.

— Oh! messire, que saint Sernin nous protège, car notre dernière heure va sonner.

(1) On nomme ainsi la place du principal marché de la ville de Toulouse.

Le timide Bonnet prononça cette exclamation d'un ton si piteux, que le jeune et brave Gallois Izalguier (1) arrêta le pas rapide de son coursier, qui gravissait lestement une colline, véritable montagne, tandis qu'à travers l'épaisse obscurité, son regard calme interrogeait les alentours. Rien ne paraissait motiver la terreur de son camarade; il se remit à cheminer, et dit en même temps d'une voix sèche:

— Maître Paschal Bonnet, honorable bourgeois de Tolose, ressouviens-toi

(1) Les Izalgier, placés au rang des familles princières du Languedoc, sont d'origine toulousaine; on croit qu'ils descendent des rois Visigoths; ils ont occupé de bonne heure la charge de capitoul, et toujours dans ces premiers temps avec le titre de *Miles* (chevaliers.) Cinquante Izalguier obtinrent cet honneur citoyen; le dernier, en 1530, était seigneur de Clermont. Une branche puînée reste de cette noble maison, qui primitivement portait dans son écusson des gueules à la fleur d'Izalgue, d'argent la racine contournée en croissant.

qu'au 13 mars de cette année de grâce 1324, où nous sommes, et sur les revers de la montagne d'Alaric que nous quittons (1), je te rouerai de coups ou te pendrai au premier chêne que je rencontrerai, si tu t'avises, par ces exclamations intempestives, de troubler la douceur de mes rêveries.

— Oh ! messire, je sais que vous êtes un doux maître, un bon vivant, ayant toujours le mot pour rire; mais je présume que la vue d'une lumière dans ce désert est déjà un avertissement de quelque male aventure; tenez, la voyez-vous-là, contre notre senestre que mon saint ange me protège; mais à cette heure, et dans la nuit du vendredi au samedi, et sur cette terre maudite, cette

(1) Le nom des montagnes d'Alaric est donné aux premiers appendices de la chaîne des Corbières du côté du nord, et courant horizontalement de Carcassonne à Narbonne.

clarté flamboyante ne me présage rien de rassurant.

— Pourquoi n'annoncerait-elle pas la demeure d'un métayer, d'un vavasseur? peut-être le donjon d'un châtelain puissant, que sais-je?

— Oui, faites-vous ces illusions; c'est feu d'enfer, de magie, ou fanal d'un brigand; mais voici qui va nous prouver notre folie d'avoir quitté l'abbaye de la Grasse et votre saint oncle l'abbé (1), après le soleil couché, pour cheminer à travers ces damnées montagnes des Corbières, premières appendices de la puissante chaîne des Pyrénées. Entendez-vous ce bruit effroyable?

(1) Cette abbaye existait en 778; on la nomma d'abord *Notre-Dame-d'Orbieu.* On croit que Charlemagne la fonda. Elle appartenait aux Bénédictins. La ville de Grasse, bâtie dans les Corbières, fait partie de l'arrondissement de Carcasonne et du département de l'Aude.

Saint Sernin, *ora pro nobis; divus Her.....* venez à notre aide.

— Allons, tire ton épée et range-toi derrière moi... En effet, on approche... Ecoutons... Oh! vil poltron, damné lâche, ne reconnais-tu pas le bruit d'une charrette traînée par des bœufs.

En effet, ce tapage qui avait tant effrayé l'écuyer, était ce que le maître avait pronostiqué. On ouït peu après des causeries et les rires de deux à trois individus, et les cris de convention dont on se sert dans le midi, pour presser la marche lente des bœufs dépouillés de leur vigueur de taureaux.

Certes, les nouveaux-venus, loin d'avancer avec des intentions hostiles, ne déguisèrent pas eux-mêmes leur effroi lorsque le jeune et fier chevalier Gallois d'Izalguier leur eût ordonné de s'arrêter. Cette voix sortant des ténèbres fit tressaillir les deux paysans et la femme, leur compagne.

— Gage, dit celle-ci à l'oreille de son mari, que nous sommes tombés dans une embuscade de la compaguie de Poulpiquet?

Or celui qu'on nommait ainsi, était un voleur fameux, la terreur du Haut Languedoc, chef d'une troupe nombreuse qu'il nommait ses compagnies; il étendait jusqu'aux portes de Béziers ses entreprises aventureuses. Le Carcassès, le Narbonnais, l'Albigeois, le Lauraguais, la seigneurie de Mirepoix, les comtés de Foix, de Razès, le pays de Sault, demeuraient le théâtre ordinaire de ses déprédations. Les villes, les gros bourgs, les fortes châtellenies ne le redoutaient pas; mais les hameaux mal fortifiés, et les chemins, et les sombres forêts, et les roches abruptes des Corbières, de la Malepeyre et des montagnes Noires, semblaient être son apanage. Malheur au marchand attardé, au riche abbé, au curé, au bourgeois aisé qu'il rencontrait!

Poulpiquet même n'épargnait pas les hauts chevaliers. Naguère encore, il avait enlevé sur la route de Narbonne à Carcassonne et aux environs de Lizignan, les équipages du puissant et superbe sire de Thesan (1); et ce noble avait juré, en punition de cette offense, qu'il en tirerait une vengeance éclatante.

— Eh ! Poulpiquet, digne capitaine! s'écria le métayer Mathieu Duval, voici quatre sols tolosains et un écu au soleil que je te donne. A nous trois, moi, ma femme et

(1) La maison de Thezan, éteinte de nos jours, était aussi une des maisons princières du Languedoc. Mme de Merode, aujourd'hui vivante, est la dernière de ce beau nom; elle porte dans son écusson paternel, écartelé d'or et de gueules à la cotice d'azur, brochant sur le tout avec la devise *Pro aris et Socis.*

mon fillot, ne possédons un patard de plus. Fais-nous grâce de la vie, et laisse-moi mes pauvres bœufs.

— Es-tu fou, vilain, répartit impérieusement le jeune Izalguier; fait-il si noir que tu ne puisses discerner un brigand d'un honnête homme.

— Ma foi, dit l'écuyer, le manant est en son droit; vous savez le proverbe : *La nuit, tous les chats sont gris.*

— Vous n'êtes donc pas des gens à Poulpiquet? demanda le paysan rassuré.

— Mon maître est le vicomte Gallois Izalguier, et moi, son écuyer, son *fides Achatæ*, suis Paschal Bonnet, bourgeois tolosain.

La femme alors prenant la parole :

— Eh! bonté divine! que fait en si mauvaise route si noble seigneur et si poltron écuyer?

— Qu'est-ce à dire, fermière? répartit Paschal.

— Nous sommes connus, ajouta son maître en riant.

— Eh! poursuivit la femme, est-il possible que le sang ne parle pas au cœur de Gallois, lorsqu'il a si proche sa mère Margotton?

— Ah! chère vieille! s'écria le chevalier en se jetant à bas de son cheval et en courant à la charrette; est-ce toi, ma bonne et seconde mère, ma douce nourrice? ai-je donc là mon père de lait?

— C'est nous tous, noble sire, répliqua l'interpelé; votre mère, votre père et votre frère Barthélemy.

— A la bonne heure, se mit à dire avec satisfaction l'écuyer; voilà une honnête rencontre, et où alliez-vous, braves gens?

— Mais à Carcassonne.

— Tant mieux, nous vous servirons d'escorte.

— Dis plutôt que tu comptes sur ce renfort pour te défendre, reprit le jeune Gallois; quant à moi, j'avoue que je me trouve avec bonheur auprès d'une famille à laquelle les nœuds du lait, les plus solides après ceux du sang, m'attachent... Mais chère Margot, d'où venez-vous?

La nourrice, femme encore verte, car elle comptait à peine quarante ans, s'emparant de la parole:

— Tu sais, mon fils, que grâce aux bontés de tes illustres parens, nous sommes établis à Sainte-Colombe, contre Baziège, sur une riche métairie, récompense des soins que je t'ai donnés dès ta naissance. Là, je vis en grosse bourgeoise étoffée, avec mon mari, nos deux filles Cécile et Ursule et leur frère Barthélemy, ton frère de lait.

Le bonheur, quand il en veut à une maison, c'est comme lorsque le diable s'en mêle; tant il y a qu'un arrière-grand-oncle de Mathurin Duval, mon mari, s'est laissé aller de vie à trépas, dans la paroisse de Mouze. Nous étions ses héritiers, et le magot en valait la peine; nous avons laissé nos deux filles avec leur tante, et notre fillot avec nous, avons entrepris cet énorme voyage. Cher Gallois, ce n'est pas pour dire, mais que le monde est grand; on n'est pas plutôt au bout d'un chemin qu'on en rencontre un autre. Enfin, arrivés à Mouze, et au bout de trois semaines, après avoir tout vendu et reçu des lettres de change, comme on appelle çà, sur des notables de Carcassonne, nous sommes partis ce matin pour aller coucher à cette ville; mille accidens ont attardé notre route, puis nous avons perdu notre chemin, et maintenant, changés de pays, nous errions à l'aventure, guidés uniquement par cette clarté qui luit à notre gauche.

C'est le fanal du sabbat, dit en tremblant Paschal Bonnet.

— Point, reprit le jeune, leste et intelligent Barthélemy, un homme que nous venons de rencontrer a prétendu que c'était le prieuré de Saint-Martin, où les voyageurs, ménestrels, jongleurs et pèlerins sont accueillis avec une charité chrétienne.

— Dans ce cas, s'empressa de dire Paschal à son maître, ce que nous avons, sire, de mieux à faire, c'est de nous rendre à cette sainte maison et d'y demander l'hospitalité pour cette nuit.

— Je préférerais pousser jusques à Carcassonne, dit Izalguier.

— Eh! mon fils, reprit Marguerite, y penses-tu, il y a d'ici à cette ville et en plein jour pour trois heures de route; te flattes-tu d'y arriver avant le jour prochain? Et si en effet, comme on le dit, la troupe de Poulpiquet hante les environs....

— Oh là! oh là! cria une voix forte et sonore, qui parle de Poulpiquet sur les terres de sa seigneurie?

— Miséricorde! saint Sernin, s'écria Paschal.

Son maître, se raidissant sur les étriers, ajusta sa lance; le vieux Mathurin s'arma d'une hache d'armes moresque toute damasquinée d'or et d'argent, tandis que Barthélemy faisait jouer et siffler par-dessus sa tête une boule de fer attachée par une chaîne de même matière à un souple bâton de houx, et que Marguerite elle-même, retranchée sur la charrette, avait fait de l'aiguillon un moyen de secours.

L'inconnu ou plutôt le survenant paraissait peu ému de ces préparatifs de résistance : un pot de fer, sorte de casque commun et sans ornemens, couvrait son chef; une ample saie gauloise ; la blouse de nos jours cachait une armure complète qui laissait voir aux extrémités les brassards et les gantelets, et les cuissards de la partie inférieure du corps; les bottines en forte peau de buffle, un sabre gigantesque et une hallebarde d'un poids énorme, complétaient son accoutrement.

Ce personnage avait environ cinquante ans; sa taille démesurée, elle atteignait une hauteur de six pieds, la grosseur de sa tête, le développement de ses mains colossales, le volume sonore d'une voix de tonnerre, un air plutôt astucieux et sombre que farouche ou dédaigneux; des mouvemens paisibles et toutefois énergiques, annonçant dans l'inconnu le sentiment de sa force, tout imposait à son aspect une réserve, une retenue à laquelle n'échappa même pas le sire Izalguier.

En l'entendant parler à l'instant où l'on ne soupçonnait pas son approche, les divers individus réunis auprès de lui s'étaient placés en défense hostile. Lui, au lieu de s'aider de ses puissantes armes, s'appuya nonchalamment sur sa hallebarde, qui avait près de dix pieds de long, et dont la ferrure toute en pointe aiguë ou en croissans tranchans, aurait fait réfléchir plus d'un ferme adversaire. Lui, dis-je, manifestant son intention de se maintenir en paix, ce qu'on pouvait voir malgré l'obscurité; lui, dis-je, après avoir promené un regard scrutateur, tant sur les manans que sur le noble chevalier et sur son timide écuyer, s'adressant par préférence et avec tact au sire Izalguier, le plus apparent de la compagnie:

— Messire, aurait-on fait peur à votre seigneurie du baron de Cailhavel, comte de Bouconne et marquis de Nore. (1)

— Soldoyer, répliqua Gallos avec hauteur, la crainte m'est inconnue; je croyais en outre que la forêt de Cailhavel appartenait au seigneur de Saint-Félix, l'autre au vénérable chapitre de Saint-Étienne de Toulouse et le pic de Nore au roi de

(1) *Cailhavet* était une forêt de la commune de Saint-Félix-de-Caraman, en Languedoc, appartenant à cette ville. Les derniers seigneurs en ont pu ordonner le défrichement et en garder le sol; les titres de propriété des habitans ayant été soustraits à une époque dont quelques citoyens n'ont pas encore perdu le souvenir.

La forêt de Bouconne existe encore dans le Toulousain, sur la rive gauche de la Garonne.

Le pic de Nore est la cîme la plus élevée de la montagne Noire, dans le département de l'Aude; les terrains qui le composent ou qui en dépendent appartiennent maintenant à M. de Tesseyre de Carcassonne.

France, avec toute la chaîne des montagnes Noires.

— Il me semble, lui fut-il répliqué par le survenant, que qui règne en un lieu en est le maître; et là où Poulpiquet commande, il n'y a ni les sires de Lille, ni les clercs de Saint-Étienne, ni le chef féodal de nos oppresseurs qui puissent lui disputer le pouvoir.

Izalguier s'apprêtait à répondre, et l'air de son visage annonçait la véhémence acerbe de ses paroles; son prudent écuyer, redoutant pire que ce qui se préparait, se hâta d'intervenir.

— Ah! l'ami, honnête vavasseur, au lieu de se quereller sur cette crête maudite, ne vaudrait-il pas mieux, si vous êtes du pays, nous indiquer par quels sentiers, creusés d'après les ordres du diable, on arrive au prieuré de Saint-Martin?

L'inconnu depuis son apparition semblait s'étudier à examiner avec soin la physionomie du chevalier, et lorsqu'il entendit la désignation du lieu où le seigneur paraissait vouloir se rendre, ses traits s'animèrent, son front se troubla visiblement, et d'un ton bourru, sans méchanceté, néanmoins, dit, non au suivant, mais au maître :

— Hé! monseigneur, l'heure est indue pour aller heurter à la porte de la sainte maison ; le père cuisinier, le celerier, sont couchés, tandis qu'à une demi-lieue plus loin le village de Floure possède une auberge bien tenue où descendent tous les marchands, les ecclésiastiques et les hauts barons.

— Floure est loin, dit le manant.

— Tais-toi, vilain, devant ton seigneur, répartit l'inconnu.

— Et pourquoi mon mari se tairait-il devant autre que sa femme? s'écria Marguerite, dont la superbe se gonfla. Nous sommes de bons bourgeois...

— Ah! tu es une maîtresse parleuse! Est-ce à la poule de chanter devant le coq?

Il ajouta d'autres propos; mais Izalguier ayant insisté, lui se mit à soupirer, et prenant à part le gentilhomme:

— Ce que Dieu veut doit être: allez donc où il vous plaît d'aller; mais si mal vous en arrive, ne vous en prenez qu'à vous seul.

II

Le prieuré de Saint-Martin.

> C'est la maison de Dieu. —
> C'est une caverne de voleurs.

Izalguier eut à peine le loisir de remercier l'inconnu, qui se mit à la tête de sa troupe en manière de guide; il les fit descendre en longeant une côte rapide, puis ils traversèrent un vallon aride, bien qu'il fût coupé par un ruisseau que la charrette des Duval eut peine à franchir. Comme la caravane remontait à l'autre rive, le cri d'une chouette se fit entendre, deux autres cris pareils et rapprochés répondirent à celui-là.

Paschal, dès qu'il les ouït, courut se retrancher auprès de son maître, et d'une autre part s'adressant au conducteur :

—L'ami, de quelle sorte sont les oiseaux? sont-ils couverts de plumes, ou portent-ils jaquettes de fer ?

— Ce sont les veilleurs de nuit de Poulpiquet qui se questionnent réciproquement sur la sûreté du poste.

— De Poulpiquet! riposta l'écuyer, dont les dents commencèrent à claquer; il est vrai qu'il soit ici ce voleur, ce brigand, cet assassin, ce sorcier ?...

— Chut! camarade! les oreilles de Poulpiquet sont plus longues que son poignard;

et en fait de qualifications, je vous avertis qu'il est difficile.

— Oh! nous allons être arrêtés, car ils sont cinq cents, et nous à peine trois ou quatre.

— Y a-t-il du danger ? demanda froidement Izalguier, qui de nouveau se disposait à soutenir le choc.

— Oui et non, dit l'inconnu; oui, si vous tournez maintenant vers Floure; non, si vous allez droit au prieuré de Saint-Martin.

— Eh! pourquoi, s'il vous plait, cette indulgence en faveur des amis de cette maison?

— Le père prieur paie chaque année une grosse somme au capitaine, afin de délivrer ses commenseaux; d'autres prétendent que des nœuds de famille unissent le révérend père au marquis de Nore; certains, enfin, affirment que monseigneur Saint-Martin étant lui-même venu, par deux fois, briser les fers du brave et pieux voleur qui prie tous les vendredis et samedis de l'année; lui, en reconnaissance, a juré de ne jamais attaquer ceux qui se rendaient à Saint-Martin pour y faire leurs dévotion.

Un cri étouffé échappa à Paschal, un autre de Marguerite lui fit écho, parce que à l'instant l'un ayant aperçu, à la droite du chemin, deux hommes en embuscade, et l'autre ayant surpris, à la gauche, le flamboyement d'un bouclier poli sur lequel avait reflété le rayon parti du fanal de Saint-Martin.

C'était une coutume très en vogue à cette époque, et avant et un peu après, que de poser aux sommets des donjons, ou des tours, ou des clochers, soit que l'on fût dans un château, une ville ou un vaste lieu ; par exemple, nul ne s'étonnait de la charité du père prieur dans un lieu si désert, si en arrière des grand chemins où sans les fondrières, les précipices, les courans d'eau, on avait encore à craindre les bandits, et avant eux les fantômes et les loups-garoux.

— Que nous voilà bien ! repartit piteusement Paschal. Ah ! monseigneur, le satané voyage que celui-ci ; mon Dieu ! mon Dieu ! que je paierais de deux gros écus au soleil la certitude d'être arrivé... ne serait-ce qu'au prieuré.

— Vous y serez assez tôt, répliqua l'inconnu avec une telle expression mystérieuse, que Paschal recommença ses tremblemens et à gémir ; cependant les hommes suspects avaient disparu, on achevait de gravir la colline escarpée, et déjà se prolongeait dans une vaste étendue de terrain le somptueux monastère ou prieuré de Saint-Martin.

C'était un de ces bâtimens colosses édifiés dans l'intervalle du dixième au quatorzième siècle, sur des pointes de rochers en des lieux inaccessibles, et d'où l'on pouvait braver l'humeur avide ou belliqueuse du propriétaire ou du détenteur usufruitier. On prétendait que cet édifice était primitivement un château de plaisance des souverains Westgots, qui régnèrent sur le Languedoc, depuis Euric jusqu'au deuxième des Alaric.

Plus tard, la piété des comtes de Carcassonne de la première race (1), issus des Mé-

(1) Trois familles possédèrent le comté de Carcassonne : la première, issue des Mérovingiens; Arnaud, mort en 974, en fut le premier prince; de cette race, le dernier était Roger II, décédé en 1068.

Les comtes de Barcelone gardèrent cette souveraineté pendant quelque temps.

Les Trincavel, dont le premier fut Bernard Atton, vicomte de Béziers, obtint des citoyens la principauté de Carcassonne au titre de vicomté. Le dernier fut

rovingiens, donnèrent ce manoir aux clercs réguliers de saint Augustin. Ils y vivaient en paix, priant Dieu, édifiant la contrée par des aumônes et des bonnes œuvres; cependant on vit par degrés dégénérer la règle dans cette pieuse maison. Les idées mondaines s'y introduisirent : il y vint des femmes, des jongleurs, des batteleurs, des fainéans. La régularité amortie, on alla moins à l'église et plus à la chasse; on tenait table ouverte : les vins de Carcassonne, de Narbonne, de Rivesaltes, de Collioure, etc., coulaient à flots; des orgies enfin troublèrent le calme de la demeure du Seigneur.

Les novices pieux ne vinrent plus cher-

l'infortuné Roger V, empoisonné par Simon de Montfort, en 1209.

Le fils de ce prince reconquit les états de son père sur Amaury de Montfort, mais il dut les céder en 1247 à saint Louis.

cher à Saint-Martin la paix de la solitude; ils allèrent à Saint-Polycarpe à la grotte de Conques, à Montolieu. Les bourgeois cessèrent d'y venir porter des offrandes; les pèlerins oublièrent la route de la maison; les statues des saints mal entretenues, n'attirant plus l'attention, cessèrent de faire des miracles; insensiblement on oublia, on négligea Saint-Martin.

Les religieux moururent. Comme on ne se présentait plus pour les remplacer, on appela des hommes attirés, non par la dévotion, mais par la mollesse l'intempérance et la luxure. Un prieur, ancien soudart à demi converti, plus encore ami du diable que serviteur de Dieu, ayant été nommé, une nouvelle ère commença toute d'iniquité, d'obscénité, de saturnales dégoûtantes; d'étranges religieux, furent admis : les anciens ou moururent ou changèrent de résidence, et les choses en étaient en cet état à l'heure et en l'an 1324, que commence cette véridique histoire.

Mais une prudence adroite, une habileté rare à sauver les dehors à cause de la proximité de la cour papale, séante alors à Avignon, avaient empêché que l'évêque de Carcassonne, alors vivant, révérendissime père en Dieu, Pierre de Rodier, évêque nouvellement élu de Carcassonne, lançât l'interdit sur le prieuré de Saint-Martin. Une police sévère, un silence profond, les dehors conservés, l'intérieur ouvert aux seuls initiés, tels étaient les principaux moyens qui détournaient de ce lieu la foudre épiscopale.

Les bâtimens du prieuré occupaient une vaste étendue de terrain. Les salles claustralles, les réfectoires des chanoines réguliers, les cloîtres, l'église, les diverses chapelles, les celliers, la bibliothèque, tout cela enceint d'une double muraille, d'un double fossé et d'une ceinture de tours habilement disposées, ne permettait pas aux curieux d'espionner ce qui se passait en dedans, et ne laissait pas non plus l'espérance de surprendre une manière de forteresse capable de soutenir un siège contre des troupes régulières, si on en fût venu à cette extrémité.

Dans la première cour et construit de façon à n'avoir avec le vrai monastère que les communications que l'on voudrait, s'élevait le corps de logis destiné à l'hébergement des étrangers; c'était une sorte de tour à quatre étages où l'on montait par un escalier en colimaçon, et que fermaient des portes massives de chêne, revêtues de fer; chaque fenêtre avait pareillement une grille épaisse, forte et solide, qui rendait prisonnier l'hôte venu pour habiter la sainte maison.

Minuit sonna aux trois diverses horloges du prieuré, au moment précis où l'inconnu agita la cloche qui avertissait le portier de la venue des étrangers; un temps considérable s'écoula avant qu'on répondît; et pendant ce cours de minutes, un vent aigre s'éleva, de noirs nuages s'étendirent dans les airs, et on sentit tomber de larges gouttes de pluie, tandis que dans le lointain et sur les cîmes de la Malepeyre, on entendit rouler un sourd tonnerre que précédaient de rouges et d'anguleux éclairs.

— La nuit sera pénible à supporter, dit la bonne Marguerite, si on la passait en pleins champs; ici nous aurons le couvert et le repos.

— Et où repose-t-on en paix surtout? répartit l'inconnu; en quel lieu l'homme peut-il se dire. Je suis à l'abri du danger?

— Oh! moi, répliqua Mathurin, je mettrais mes mains au feu que là où l'on trouve des moines, il y a à coup sûr repos, paix et bonne chère.

— Quant à moi, je pense différemment des enfroqués : je m'en méfie; croyez-moi, monseigneur, poursuivit-il en s'adressant à Gallois Izalguier; ayez bon pied, bon œil, une main à la dague et l'autre à la sûreté de la bourse, dans toute maison où les moines commanderont.

— Gage que c'est un parpaillot, (1) dit à voix basse et à Barthélemy son fils, l'active

(1) On appelait en Languedoc les hérétiques Albigeois de ce nom; depuis, les *parpaillots* furent les huguenots, enfin, par une étrange variation d'application, ce terme, de nos jours, a été donné à un pauvre hermite habitant à Conques, près Carcassonne, et assurément bon catholique romain.

Marguerite : c'est un bandit, car il blasphême.

— Il nous donne néanmoins de bons avis, répondit le jeune homme.

—Profitez-en, lui dit à l'oreille l'inconnu, qui aussitôt se remit en route sans adresser aucun compliment au chevalier, et sans attendre les remerciemens qui lui étaient dus.

— C'est un bourru, dit Paschal, dont le regard le suivait parmi les ténèbres; et Dieu me pardonne si je ne le crois pas plus ami de Poulpiquet qu'il ne convient à un honnête homme.

— Pourtant, reprit le chevalier, il ne nous a pas pillés, il nous a conduits sans péril où nous voulions aller, et de plus...

Izalguier s'arrêta. La prudence lui faisant connaître qu'il devait taire le présent singulier que le personnage lui avait fait.

Enfin le portier du prieuré se leva ; on entendit aboyer plusieurs chiens des Pyrénées, et le pas lourd de divers hommes d'armes ; leur présence dans le monastère éloigné ne surprit personne ; mais on ne put voir avec la même tranquillité leurs figures atroces, leur air féroce et la vivacité barbare de leurs yeux. A leur aspect, le pauvre Bonnet Paschal sentit s'évanouir son empressement à passer le reste de la nuit dans le prieuré ; il aurait préféré le savoir en plate campagne, et son regard timide alla de son maître à Barthélemy, comme pour les conjurer de ne pas l'abandonner.

Oh! se dit-il, quels cyclopes! quels titans! je gage que ce sont des ogres.

Pendant qu'il faisait ce monologue, son maître demanda au portier, pour lui et pour sa suite, la permission de passer le reste de la nuit dans la sainte maison.

— Eh! qui êtes-vous? répliqua durement le portier, autre espèce de géant mal bâti, à l'épaisse chevelure, aux membres informes et à la physionomie exécrable que ne relevait pas la robe blanche, le manteau couleur feuille-morte et le capuchon noir. Une corde ceignait sa ceinture, et ses gros doigts roulaient machinalement un chapelet aux boules de marbre et d'agathe auquel pendaient une multitude de croix, de médailles, de reliques de cuivre, qui faisaient perpétuellement un cliquetis singulier.

La question malhonnête du père portier irrita le chevalier; il descendit de son cheval, en remit librement la selle à l'un des hommes d'armes présens; et s'adressant au religieux, lui dit en se grandissant de plusieurs pouces:

— Je m'appelle Gallois, je suis vicomte de Fourquevaux, et ma famille est celle des Izalguiers, qui n'ont pas peu contribué à enrichir ce monastère; cet homme à la contenance si ferme est mon premier écuyer, cette femme est ma bonne nourrice, ceux-là sont mon père et mon frère de lait.

— Est-ce là coutume à ceux de Toulouse, dit le frappart en ricanant, de chevaucher en la compagnie de leur nourrice? les emmaillote-t-elle chaque soir?

— Révérend, répartit le jeune homme, rendez grâce au saint habit qui vous couvre; car si un de ces soldoyers s'était permis cette plaisanterie inconséquente envers un homme de mon rang, je lui aurais enfoncé jusqu'à la garde, dans la poitrine, cette épée rarement oisive à mon côté.

L'expression que mit le jeune homme à prononcer ces paroles en imposèrent à la compagnie. Le portier marmotta une excuse apparente, et puis prenant une torche de bois résineux enduit de cire, il se dirigea vers le corps delogis des voyageurs et des pélerins. On le suivit, on monta au premier étage. Là on ouvrit une salle immense, où étaient rangés sur deux files huit lits. Au milieu était une table de chêne que l'on chargea de mets simples, de viandes froides, de figues, de prunes, de raisins secs et d'une grosse bouteille de vin de Laidenon, le meilleur du Languedoc et peut-être de tout le Midi.

— Mes frères, dit le portier en prenant une mine cafarde, que Dieu vous fasse passer une bonne nuit, je vous le souhaite; couchez-vous tôt, levez-vous tard. La chapelle vous sera ouverte demain, vous ne manquerez pas d'y faire vos prières, et vous n'oublierez pas, si vous le pouvez, l'humble, pieuse et pauvre maison qui vous recueille.

Tout cela, ai-je annoncé, ayant été dit avec une hypocrisie si marquée, inspira non de la crainte, mais de la défiance au chevalier Izalguier; alors lui revinrent en esprit les avertissemens obscurs de l'inconnu; celui-ci également occupa son attention; il ne savait pourquoi cette physionomie ne lui était pas étrangère; quelque chose lui disait que ce n'était pas la première fois qu'il se trouvait en sa présence; mais où l'avait-il vu? De vains efforts ne purent remettre ce point dans sa mémoire.

Cependant Mathurin, sa femme, s'étaient couchés dans le même lit, selon leur usage; Paschal, à leur exemple, chercha pareillement le repos, et pour l'obtenir avec plus de sûreté, il choisit le lit le plus éloigné de la porte. Izalguier, que sa poltronnerie indignait et aurait gêné dans cette circonstance, le laissa faire à son gré; mais au moment où son frère de lait se disposait à imiter ses proches :

— Ne te presse pas, lui dit Gallois; j'ai besoin de toi; viens.

Il l'amena vers l'embrâsure d'une croisée qui donnait sur une cour intérieure, et là, baissant la voix :

— J'ignore, dit-il, où nous sommes réunis; le prieuré, où l'on devrait servir Dieu, me semble la demeure du diable. Je t'avoue que peu s'en faut que je croie à l'opinion répandue dans les campagnes voisines, savoir que Poulpiquet a ici des amis et des adhérens; crois-moi, passons la nuit à veiller: si on vient nous attaquer, du moins tenons-nous prêts à nous défendre.

Barthélemy était un jeune Toulousain énergique, spirituel et brave, accoutumé à la bonne compagnie, par la clientelle ordinaire qui a lieu dans cette ville entre les maisons opulentes et celles peu heureuses du quartier. Il avait de la gaieté, il composait de jolies chansons en langue romane. Cher aux jolies grisettes du pays, nul ne savait mieux que lui manier la boule d'armes, le bâton ferré et même l'épée de bataille. Or, l'inviter à un combat était lui plaire, et dans cette circonstance, il remercia son frère de lait de la faveur, disait-il, qu'il lui faisait.

Tous les deux parlaient encore, lorsqu'une vive lueur qui brilla dans la cour voisine et intérieure attira leur attention. C'étaient les mêmes hommes d'armes qui les avaient introduits; ils portaient également des flambeaux, et en arrière d'eux venaient d'abord deux personnages, l'un petit, trapu, mais vigoureusement musclé; sa figure bronzée, ses yeux noirs surmontés de sourcils épais, son air de mauvaise humeur et féroce, plus encore que la touffe de plumes noires et rouges qui ornaient le cimier de son casque, firent connaître à Izalguier que ce devait être le brigand Poulpiquet.

L'autre individu, remarquable par sa taille démesurée, présenta les traits de l'inconnu de la montagne qui les avait conduits à contre-cœur au prieuré. La place qu'il occupait auprès du voleur, et la déférence que lui montraient les autres bandits, convainquirent que celui-ci était le terrible Richard-le-Noir, premier lieutenant de Poulpiquet. Ceci non plus n'expliquait pas à Izalguier pourquoi il se rappelait d'avoir vu ailleurs cette physionomie.

Mais ce qui attira plus encore la curiosité des deux frères, ce fut un groupe de brigands qui portaient sur une manière de brancard une femme voilée, et qui, par son immobilité, semblait morte ou évanouie. On lui fit traverser la cour; on la dirigea vers un angle; là, une pierre fut levée, et toute la troupe avec la victime descendit à des étages souterrains. Ils n'y demeurèrent qu'environ un quart d'heure, puis tous remontèrent, moins la jeune personne, qui ne reparut pas.

Izalguier aurait payé cher pour apprendre quelle était la dame qu'on venait d'ensevelir ou du moins de retenir en charte privée; il se promettait que s'il avait le bonheur d'échapper à ce lieu, devenu maintenant plus que suspect, il s'informerait dans toutes les sénéchaussées de la province et au-delà, quelle jeune fille aurait mystérieusement disparu.

Il rêvait encore à ces incidens, et n'ayant pas quitté la fenêtre, il venait même de l'ouvrir sans faire le moindre bruit, afin de mieux voir, de mieux entendre et de respirer un air pur. La précaution qu'il avait prise d'éteindre la lampe qu'on leur avait laissée, rendait impossible qu'on se doutât qu'au lieu de dormir il veillait pour surprendre les secrets des maîtres de la maison.

Gallois Izalguier venait donc d'entrouvrir cette fenêtre favorable, lorsque sous elle il entendit distinctement un dialogue dans la cour intérieure, qui avait lieu entre le chef et son lieutenant ; le premier disait au second :

— Quelle sotte manie de générosité te prend à la gorge ? Quoi ! je ne pourrai pas me défaire de celui qui, sous trois mois peut-être, aura la mission de nous poursuivre à toute outrance !

— Quand je verrais le billot devant moi, je ne souffrirai pas que le chevalier Izalguier soit égorgé en ma présence.

— Et par quelle raison ?

— Te la répéterai-je trente fois ? Je lui dois la vie.

— C'est quelque chose.

— Que t'en semble?

— Eh ! eh ! pourtant la riche proie qui s'échappera de nous ! et quelle masse d'argent rapportent avec eux ces manans stupides !

— Ceux-là, reprit Richard-le-Noir, profiteront de ma reconnaissance envers le chevalier... D'ailleurs, oserais-tu manger à double ratelier?... N'es-tu pas satisfait de la divine créature que ton dernier coup de main a remis en ton pouvoir ? Certes, la mort de tous les siens causera à son père une douleur moins vive que ne lui en procurera la triste fin de cette fille unique.

— Il me fallait une vengeance, dit Poulpiquet, une vengeance éclatante. Je la possède maintenant, me voilà satisfait. Reste dans le deuil, toi, qui as voulu ma perte; maintenant, pleure, gémis: je serai inexorable; ta fille demeurera ensevelie dans un cachot pendant trente ans; alors, je te la rendrai si tu es encore en vie. Dans tous les cas, la vieillesse de cette créature survenant après la perte de sa beauté, il ne lui restera que des regrets inutiles.

— Et tu te flattes de vivre jusque là, Poulpiquet?

— Pourquoi pas? Je me porte bien, je mange et bois de même; je n'ai qu'un seul souci, qu'une affaire; eh bien! je tâche de les noyer dans du vin vieux, et on a tant d'occasions de boire. Lorsque le souvenir blesse, que la vie commence à devenir pénible.

— Prends garde, capitaine, répondit le lieutenant consterné; prends garde à ce que tu réclames ; je devine enfin que ta raison, trop tourmentée, fait maintenant plein divorce avec toi.

Poulpiquet mettant la main sur son front : — Par la gorge ! s'écria-t-il ; tu as raison ; je ne sais plus ce qui me reste à faire ; il ne faut pas que mon amour puisse employer le temps et me conduire à des sottises. Lieutenant, veux-tu que je te fasse monter au plus haut grade ?

— Capitaine, je dois t'obéir, parle ; que me faut-il faire ?

— Commander en mon lieu et place la compagnie aux postes où tu voudras. Plus tard, lorsque les fumées de cette liqueur adorable se seront dissipées, je verrai ce qui me restera à faire. En attendant, je vais me coucher.

III

Mystère.

Qu'adviendra-t-il de ceci ?

Le silence ayant succédé au colloque, Izalguier et son frère de lait s'entredirent ce que leur position leur indiquait ; il était bien certain qu'ils se trouvaient au pouvoir des bandits, mais en même temps ils se voyaient un défenseur dans la bande.

— Il prétend vous devoir la vie, dit Barthélemy.

— C'est possible, répliqua le chevalier; mais j'ignore en quelle circonstance je lui ai rendu ce service.

— Ne serait-ce pas lorsque vous obtîntes du commandant de la province la grâce de ces quinze routiers qu'il envoyait pendre, un saint jour de Noël, et qu'il grâcia à votre requête?

— Tu as mieux deviné que moi, répondit Izalguier; oui, ce doit être cette circonstance qui m'a placé vis-à-vis de lui en si bonne position.

Sur ces entrefaites, on heurta doucement à la porte de la chambre; les deux alertes jeunes-gens y coururent et demandèrent d'une voix ferme ce qu'on voulait.

— Vous mettre hors d'un lieu où vous n'auriez pas dû percher, repartit Richard-le-Noir dont on reconnut l'accent. Allons, allons, mon gentilhomme, partez vîte ainsi que les vôtres; l'aube se lève, le jour va suivre: mais ce sera à condition que vous garderez le *tacet* sur ce qui se passe ici; le promettez-vous?

— Je le jure sur l'honneur, répliqua le chevalier, et néanmoins me réserve le droit de marcher contre ces murailles si j'en suis requis par le sénéchal de mon seigneur et roi.

— Oh pour cela bien à vous permis! tout ce que j'exige de vous, c'est que nulle révélation ne provoque cette attaque que vous supposez; mais hâtez-vous; le tigre dort, n'attendez pas qu'il se réveille.

Barthélemy courut à ses parens ainsi qu'à Paschal, les arracha au sommeil, les pressa de se vêtir, et sous prétexte qu'on attendait un nombreux concours de pèlerins, les détermina à se mettre subitement en route. A peine s'il faisait jour, Marguerite demanda la chapelle des voyageurs où elle voulait aller faire sa prière.

— Oh! dit Richard, à cette heure le sacristain dort; vous arriverez à Floure tout juste pour entendre la grand'messe; elle vous revaudra les patenôtres que vous auriez débité ici.

Plusieurs hommes d'armes se laissèrent voir, tous de mauvaise humeur; aucun néanmoins n'osant soutenir le regard terrible de Richard-le-Noir. Le chevalier Izalguier saisissant un instant favorable :

— Eh! lui dit-il: où nous sommes-nous connus?

— En saint temps de Noël et à Toulouse où il faisait chaud pour quinze pauvres routiers. Monseigneur, un bienfait n'est jamais perdu; je suis dorénavant votre homme lige envers tous, mon capitaine et mes camarades exceptés.

— Ne pourrais-tu venir me voir à Tolose?

— Oui certes, un de ces matins vous me verrez arriver; mais pressez-vous, Poulpiquet peut avoir achevé de cuver son vin; il faut éviter une scène pénible.

Izalguier ne parla pas au voleur de la femme amenée nocturnement dans le prieuré; il ne voulait pas agraver sa position par des aveux intempestifs. En conséquence, après avoir serré la main de son obligé, tancé Paschal dont la physionomie était par trop effrayée, il monta à cheval, et voyant devant lui la charrette des Duval avec ses parens de lait, il s'éloigna silencieux de ces murailles maudites.

— Eh bien mon fils! dit Marguerite, que te semble d'un pareil monastère, où l'on n'a pas une pauvre chapelle ouverte pour la prière des voyageurs et où des gens d'armes tiennent la place de saints religieux ?

— La province est tellement agitée, reprit le chevalier, qu'il n'est pas extraordinaire que ceux du prieuré cherchent à se défendre contre les bandoliers, routiers, male-gens et autres misérables.

— Je pense autre chose, dit Paschal, et si j'osais... mais non, nous sommes encore trop près de ces murailles maudites.

Izalguier alors se rapprocha de son écuyer, et le prenant à part :

— Souviens-toi, lui dit-il, que si à Carcassone, à Toulouse, en tout autre lieu, tu parles du prieuré de Saint-Martin, je te ferai rendre sous les coups de bâtons le peu d'âme que tu as dans ton corps.

— En voici de belles, riposta Bonnet avec étonnement, et depuis quand, monseigneur Izalguier, chevalier, vicomte de Fourquevaux s'est-il associé avec la bande de Poulpiquet? Du moins s'il m'avait fait admettre aux partages?

Cette mauvaise plaisanterie ayant fait rire messire Gallois Izalguier, il jugea convenable, pour faire cesser la surprise de son écuyer, de lui apprendre ce qui s'était passé, bien assuré que son compagnon se tairait aussitôt qu'il saurait l'honneur de son compagnon compromis. Paschal écouta avec une attention soutenue, puis poussant un soupir profond:

— C'est pourtant, dit-il, bien fâcheux de perdre une aussi belle occasion de faire montre de courage.

— Que signifie ce sot propos? demanda Izalguier.

— Hélas! seigneur, moi qui n'ai pas comme vous une réputation complette de gloire, je m'étais accommodé de l'occurrence pour m'en préparer une ; je comptais répéter à tous curieux les détails de notre combat mémorable contre la bande de Poulpiquet, le prieuré forcé par notre valeur infatigable; et j'avais fixé à vingt-sept le nombre des voleurs que j'aurais tué, avec l'assistance de votre compagnie.

— Eh qui t'aurais cru, toi dont tout Toulouse connaît la poltronnerie.

— Baste, j'aurais dit aux récalcitrans : allez le voir, et ceci leur eût tordu le bec.

— Que veux-tu? force est à toi de reculer ton entrée dans le temple de la gloire, les portes du prieuré ne t'y donneront pas accès.

En devisant ainsi, en causant avec les Duval, on atteignit, vers le lever du soleil, le village de Floure. Nos voyageurs reconnurent qu'une grande agitation troublait ce lieu; les paysans, au lieu de se rendre à leurs travaux, nettoyaient des rondaches, des haches, des masses d'armes; plusieurs attachaient à de longs bâtons des faux retournées; enfin, les cloches de l'église paroissiale sonnèrent le tocsin à grand branle.

— Eh! maître, que se passe-t-il donc de nouveau, dit Izalguier comme le plus apparent de la troupe, en s'adressant à un grave personnage qui portait un manteau fourré et un chaperon de même.

— Monseigneur, lui fut-il répondu, car l'avocat cicerone avait reconnu le chevalier aux éperons d'or; vous ignorez sans doute que la bande du brigand Poulpiquet infeste notre contrée, et également vous ne savez pas que ce scélérat, ayant toute vergogne bue, a traitreusement et avec félonie enlevé hier au soir, aux portes de Carcassone pour ainsi dire, la noble demoiselle Eumérie, fille de très haut et très puissant chevalier, baron et comte Timothée de Thezan.

A ces noms, qui tels que la foudre frappèrent Izalguier, il releva vivement sa tête fière, et accusant le ciel de son injustice, dit à son écuyer et aux Duval qu'il ne pouvait en aucune manière s'arrêter à Floure, mais qu'il allait au plus vîte à Carcassonne pour s'entendre avec le comte de Thezan et s'enquérir des moyens de le sauver du malheur qui le frappait. Paschal, en entrant dans l'auberge, avait demandé un déjeûner digne de sa gourmandise. Certes, il lui en coûtait de le délaisser, mais pouvait-il aussi pour une perdrix de la Grasse et pour des truffes de la montagne noire, abandonner son maître qui paraissait vivement agité. Force lui fut donc de s'éloigner en soupirant. Le chevalier Gallois embrassa tendrement sa mère de nourrice et ne se sépara des Duval que lorsqu'ils lui eurent promis d'être bientôt après lui à Carcassonne.

Pendant que les deux cavaliers chevauchaient, Izalguier tout à coup se ressouvint de la dame voilée, que dans la nuit dernière il avait vu transportée à travers la cour du prieuré et descendue dans un cachot souterrain; rapprochant ce fait de la disparution de la fille du sire de Thezan, il ne doutait pas qu'il n'y eut identité de l'une à l'autre, et que ce ne fut vers ce manoir que le père infortuné ne dut commencer ses recherches. Voilà que tout à la fois la pensée lui revint aussi du serment de profond mystère qu'il avait juré entre les mains du lieutenant des bandits; c'était un silence absolu qu'il devait observer, et dans cette circonstance sa probité, son honneur livraient une rude attaque à d'autres sentimens.

Il marchait sans parler; ceci convenait

peu au digne écuyer, qui loin de respecter les ennuis de son maître, s'avisa de l'attaquer de belle conversation. Paschal aimait à causer, et comme il avait fait ses études, ce qu'il disait pouvait être entendu. Essayant de ramener quelque gaîté sur le front soucieux de son maître :

— Sire, lui dit-il, après avoir craché selon la coutume habituelle de tous les bavards subalternes; sire, laisserez-vous passer sans y apporter aucune attention le noble appel que viennent de faire aux troubadours de la Langue d'Oc et aux trouvères de la Langue d'OEil sans négliger le ministrel ou ménestrel d'Allemagne; ce sera, Monseigneur, une belle et brillante cérémonie, et nos sept poètes tolosains y recueilleront une gloire sans terme.

— Et toi, écolier de la noble Université, ne feras-tu rien dans cette circonstance;

n'as-tu ni tenson ni sirvente pour répondre au gracieux appel.

— Ma foi, se mit à dire Paschal Bonnet en se frottant les mains, ce qui faillit le faire tomber, car son cheval tracassé en son mors fit un écart complet. Ma foi, seigneur, ne croyez pas badiner; j'ai une pièce de vers dont j'attends beaucoup, et s'il vous plaisait de l'entendre vos conseils me seraient bons et je m'en trouverais bien.

— Mon cher ami, répondit Izalguier en retenant un mouvement d'effroi; je ne demande pas mieux que d'ouïr ton chef-d'œuvre, mais le moment n'est pas opportun; je suis inquiet de la fâcheuse nouvelle qu'on vient de me donner: mon esprit préoccupé pense trop à l'enlèvement de la comtesse Euméric pour bien goûter les vers admirables que tu me débiterais, mais je te promets que la première fois où nous serons tranquilles, ce sera moi qui réclamerai le plaisir que tu me promets.

Flatté par cette réponse, bien qu'elle ne fut qu'une défaite polie, Paschal en train de parler reprit la parole :

— En vérité, Monseigneur, dès que nous avons quitté le château de Fourquevaux, où nous étions avec votre famille, pour aller voir à l'abbaye de la Grasse Le damp, abbé, frère de votre illustre mère, nous ne nous attendions pas aux événemens qui ont signalé ce voyage.

— Rien ne peut m'être heureux, répliqua sire Gallois; depuis la mort de ma mère et les secondes noces de mon père, je dois m'attendre à de nombreuses infortunes. Dieu, je l'espère, viendra à notre secours.

Il soupira, piqua sa monture avec d'autant plus de vivacité qu'il apercevait, depuis quelques instans, les hautes tours, la double enceinte de la ville haute de Carcassonne et de son château, ainsi que les clochers élégans de la cathédrale, dédiée à saint Nazaire. Je profiterai du silence que lui et son compagnon gardèrent, pour le faire mieux connaître de mes lecteurs.

Gallois d'Izalguier, vicomte de Fourquevaux, était le fils unique de Pons, comte d'Izalguier, l'un des grands barons et princes du midi de la France; cette famille comptait parmi celles que, en Espagne, on titrait de *ricos-hombres,* de seigneurs à chaudières, c'est-à-dire de chefs et suzerains de terres nombreuses et de vassaux importans. Pons Izalguier, car ceux de ce nom ont presque toujours négligé de se faire précéder de la particule nobiliaire, soit par indifférence, soit plutôt par marque de fierté. Depuis la cour de Cordouan jusqu'au Var et des Pyrénées à la Loire, la réputation des Izalguier sonnait aussi dru que celle de Montmorenci, dans le nord de la France : cinq autres maisons, dont quatre tolosaines, jouissaient du même éclat; celle des Thezan, appartenant au diocèse de Narbonne, celle des Villeneuve (non Bargemont), des Maurand, des Roaix et des Aurival, tous puissans barons; et les premiers d'une noblesse bien illustre qui ne leur cédait ni pour l'ancienneté ni pour la richesse, mais à qui la voix du peuple n'avait pas accordé la suprématie attachée à eux seuls; caprice de la multitude dont ces favoris de la fortune jouissaient; mais avant tout et bien hors ligne les Izalguiers se plaçaient.

Après eux, pourtant, le Haut-Languedoc retentissait du nom des Aigremont ou de Grammont, Allemand, Amiel, Astorg, Baragnon, Barravi, Bérenger, Berthier, Bertrandi, Blasin, Borrassol Buxi, Capdenier, Carabodes, Carrière, Castelnau, Cathelan, Corneilhan, Courtois, Daffis, David, d'Espagne, Dessus, Doujat, Dubourg, Dufaur-de Pibrac, Dupont, Dupuy, Durand, Duverger, Embrin, Escalquens, Favier, Falgar, Faure, Fontenille seigneurs de la Roche; Fossat, Foucaud, Gaillard, Garaud, Gameville, Gardouch sires de Belesta, et Varagne en leurs premiers noms, Gavaret, Gaure, Gilabert, Gontaut, Goyrans; Guibert, Guy, Joannis, Jordain, Josse-Lauvrens, Izarny, Ladurantie. Lafaye, Lafaille, Lafont, Lagorrée, Laroque, Latour, Lamothe, Laurent ou Laurency. Lombrail, Lordat Madron, Manas, Mandinelli, Marignac, Marquefabe, Maurand, Mauriac, Maurin, Melet, Menestral, Miramont, Molineri, Molis, Montaud, Montaigut, Montotin, Morlanes. Najac, Nogaret-d'Épernon,

Nogerolles, Olivier, Ouvrier, Olive, Pageze, Palais, Papus, Pradines, Paule, Peguilhem, Pelissier, Duperrier, de Peyte-Moncabrier, Pins, Plasensac, Portal, Posan, Prinhac, Progen, Puget, Puibusque. Quimbal, Rabastens, Raynal, Raymond, Restes, Roquette, saint Étienne, saint Félix, saint Ibars, saint Jean, saint Loup, saint Pierre, saint Pol, saint Romain, saint Sernin, Séguier. Taillefer, Tholosani, Toulouse, Tournier, Tournemire, La Valette, Variclery, Vaure, Vignes, Vignaux, Vignolles, Viguerie, Villemur, Vintras, Vital, Ulmo ou Olmières, Voisin.

A ceux-là il fallait joindre encore ceux des seigneurs qui, demeurés indépendans dans leurs châteaux, n'étaient pas venus prendre domicile dans Toulouse. Les Rigaud les Vaudreuil, les Loubens Verdalles, les Roger de Caux restes des fameux Trincavel, les Levi, les Ile-Jourdain, les Variclery, les Benévent-Rhodès, les Hautpoul, les Pellapoix ou Pellapoul, les Saissac, les Pujol, et nombre d'autres que ma plume oublie ou que je me lasse d'écrire. Le sire Pons d'Izalguier les dominait tous par son antiquité, l'étendue de ses domaines et ses exploits guerriers. Après avoir combattu contre l'Angleterre à diverses reprises, il s'était retiré dans son pays natal, et au lieu d'habiter le château de Clermont, demeure somptueuse de ses pères, il avait préféré le séjour de Fourquevaux, ou plutôt de la bastide de Beauvoir, terre limitrophe à celle-là, et où son aïeul avait construit une forteresse réelle, immense par son étendue et imprenable par sa position.

Assis d'une part sur le bord d'un vrai précipice ceint de l'autre par des fossés profonds et larges de cent pieds, qu'on ne franchissait que sur un pont qu'on démolirait en moins d'un quart d'heure, les Izalguier se tenaient là tranquilles contre les attaques des compagnies franches des routiers, des voleurs et des seigneurs ambitieux de la contrée.

Marié en premières noces à la comtesse Mahaud, sœur du puissant sire de Thezan, il en avait eu un fils, Gallois Izalguier, et une fille, mademoiselle Alix, la plus belle parmi les hautes baronnes de la Langue d'Oc.

La comtesse Mahaud, en venant auprès de son époux, avait amenée avec elle une jeune créature, remarquable tant par ses charmes que par son esprit. Ursule de Fontanes appartenait à une famille tout nouvellement anoblie par le capitoulat; cette origine commune ne la rendait pas plus humble; fière de ses attraits, forte de la supériorité de son génie, elle savait, avant vingt ans, soumettre à son joug les chevaliers fameux, les barons recommandables; et malgré la foule des hommages qu'on lui rendait, nulle langue indiscrète n'accusa la sévérité de ses mœurs.

Attachée à la comtesse Izalguier, logeant constamment auprès d'elle, Ursule de Fontanes eut peu à faire pour se faire aimer de l'époux de son amie; mais sa fierté ne lui permit aucune espérance tant que vécut madame Mahaud: mais celle-ci morte subitement, frappée qu'elle fut d'un coup de tonnerre, après quatre ans de mariage, son époux aussitôt sollicita la main de mademoiselle de Fontanes; qui, dès le trépas de son amie avait quitté le château de Beauvoir, par respect pour les convenances, et demeura au couvent des Casses, à demilieue de la baronie de Saint-Félix.

Elle laissa écouler dans ce lieu l'année de viduité; alors seulement elle donna sa main au comte Izalguier, au mécontentement universel des vassaux, manans, amis et parens de l'époux; tous improuvaient cette union inconvenante; on voyait avec peine qu'un aussi grand seigneur, puisqu'il voulait donner une marâtre à ses enfans, l'eût choisie si peu relevée, car enfin Ursule de Fontanes, était dans le château de Beauvoir pendant la vie de la défunte dame, moins comme égale que sur le pied de fille de compagnie. D'ailleurs la fierté, l'humeur dure de son caractère, son orgueil, son avarice, remplaçant une femme bonne, simple, affable, remplie d'indulgence et de charité, devaient peu prévenir pour elle; on ne pouvait la souffrir. Mais comme au jour de son mariage, sa réputation était intacte; le clergé approuva cet hymen de bon exemple, à l'entendre, puisqu'il rompait le concubinage. Dès lors la noblesse et le tiers-état durent l'accepter malgré eux.

Au bout de six mois, jour pour jour, de celui de la cérémonie nuptiale, la comtesse Ursule, atteinte de vives douleurs, parut avoir les apparences d'une fausse couche. Que dirent les commères de la bastide de Beauvoir et même celles de Fourquevaux, lorsqu'à la place d'un embryon mort-né qu'on s'attendait à recevoir, on reconnut une couche très heureuse et un enfant mâle venu bien à terme.

Il n'en fallut pas davantage pour faire tomber cet échafaudage de vertus que dame Ursule avait pris tant de peine à construire, et que le résultat de ses mauvaises mœurs mettait au jour si clairement ; ce fut un cri général, un *tolle* unanime. Les châtelaines voisines, celles de Varagne, de Bélesta, d'Odars, de Baziège, de Tarabel, de Cessales, de Beauville, et qui écrasées par le luxe d'Ursule la jalousaient en secret, saisirent avec empressement cette circonstance pour se reculer d'elle, et déclarer que leur religion ne leur permettait plus d'approcher une femme dévergondée.

On doit croire qu'elle ne reçut pas avec soumission et résignée cette insulte grossière. Loin d'épargner ces dames, elle raconta à haute voix la chronique scandaleuse ; ceci ne put avoir lieu sans éclat : la guerre civile pendant vingt ans dévasta cette belle contrée. Le comte Izalguier, tantôt vaincu, tantôt vainqueur, mais le plus souvent supérieur à ses ennemis, se maintint dans sa suprématie; elle lui coûtait cher; enfin les esprits s'étant radoucis, la paix revint, et les pères de famille faits pour prétendre à une alliance avec les Izalguier, répétèrent souvent autour du foyer commun, pendant les longues nuits d'hiver, qu'il y avait deux damoiseaux et deux damoiselles au manoir de Bauvoir qui auraient une riche dot.

Les deux aînés, Gallois et Alix, outre ce qui leur reviendrait de la succession de leur père, possédaient déjà en propre le bien de leur mère et les domaines de plusieurs parens; cette haute fortune irritait la marâtre; elle haïssait de toute la violence de son âme les enfans de son ancienne amie; leur présence, en quelque sorte, lui reprochant son ingratitude. De plus, sa vanité souffrait de n'avoir rien à donner à son fils Hugues et à sa fille Célénie.

A part ces deux rejetons de son mariage, dont l'aîné avait eu trop de hâte à venir au monde. On vit paraître dans la maison des Izalguiers, peu de temps après l'hymen nouveau, une nièce de madame Ursule, fille mystérieuse d'un frère qu'on ne lui avait connu qu'imparfaitement et, disait-on, d'une dame de haut parage, à qui un hymen secret l'aurait uni.

Plusieurs bruits sinistres couraient sur la mort de ce frère que le comte Izalguier n'avait jamais vu; il en accueillit la fille qui prit place au rang des autres enfans, et l'affection d'Ursule envers ses proches éclata; car en peu de temps on ne lui vit faire aucune difference entre cette nièce, sa fille et son fils; et même si une prédilection eût été possible, elle aurait eu lieu clairement au profit d'Helmonde. Du reste, l'extrême ressemblance de celle-ci avec sa tante, justifiait l'attachement de cette dernière à son égard.

Bientôt même, et sans faire attention au peu de fortune d'Helmonde, au vague qui environnait son existence, la comtesse Ursule conçut le projet de la faire épouser à son beau-fils Gallois. Son art, son astuce, sa persévérance, obtinrent enfin l'assentiment de son époux à cette alliance disproportionnée. Les choses étaient ainsi, néanmoins on n'avait pas fait connaître au vicomte Gallois la part qu'il aurait à cette intrigue; mais lui, ennuyé des prévenances d'Helmonde, des cajoleries intempestives de sa marâtre, se méfiant de la faiblesse de son père, avait demandé la permission d'aller voir à l'abbaye de la Grasse son oncle maternel. Il y avait passé un mois, et il s'en retournait pour obéir à l'injonction de son père, lorsque à la suite de la rencontre de ses parens de lait et de la nuit passée dans le prieuré de Saint-Martin, il avait appris au village de Floure l'événement désastreux arrivé à sa belle cousine Eumérie.

IV

Lettre importante.

Parlons toujours, n'écrivons jamais.

A la même époque, une grande provocation littéraire occupait singulièrement la Langue d'Oc. La Provence que l'on commençait à désigner sous ce nom, comme

Province séparée, le Roussillon, la Catalogne, l'Aragon, les comtés de Foix, Bigorre, la principauté de Béarn, le royaume de Navarre, le duché de Guienne et le Limosin, l'Auvergne, le Forez, le Rouergue, le pays des Cévennes, jusques au Dauphiné en un mot, jusqu'à la totalité des vastes états des anciens West-Gots ou Visigots, dont Toulouse avait été la capitale.

Cette ville, dès l'antiquité la plus reculée, avait joui d'une telle réputation littéraire, on lui savait tant d'amour à l'égard de la poésie et des autres sciences, qu'on supposa la venue de Virgile à Tolose, où ce grand poète aurait professé son art aux écoles fameuses du Pech-David, colline élevée au midi de cette ville, et dont la Garonne baigne la base.

Au demeurant c'était en effet vers le règne d'Auguste où Virgile vivait, et depuis que fleurirent à Tolose le réthoricien Sédalus, le grammairien Marcellus, Sertorius, plus recommandable encore; plus tard vint l'illustre Numantius, enfin les troubadours Tolosains furent nombreux (et la renommée leur accorda la première place, nomma Pierre cardinal, Pierre Vidal, Figueira, Nat de Mons), et ont fait connaître la gloire de cette ville.

Cependant la noble institution des troubadours dépérissait; chaque année voyait mourir quelques maîtres de la *lei d'amer*, (loi d'amour), qualification donnée alors à la poésie et nul ne s'élevait pour les remplacer; les Tolosains seuls gardaient le feu sacré. A un quart du quatorzième siècle, la démarche que firent quelques poètes de cette cité jeta un vif éclat qui ne s'est pas encore éteint.

Il paraît, dit l'historien Raynal, par ce

qu'on trouve dans le premier registre de l'académie des jeux floraux, que sept mainteneurs ou conservateurs de la poésie et poètes eux-mêmes, messires Guilhargii, de Montaut, Camo, Panassac, Lobra, Saint-Plancat, Ménajanassera et Osse s'assemblèrent dans un jardin du faubourg des Augustines qui leur appartenait et dont ils avaient fait un *verger délicieux*, pour se communiquer réciproquement leurs ouvrages.

Bientôt, leur pensée agrandie leur inspira la sainte idée de proposer des prix, et d'appeler au concours qu'ils ouvriraient, tous les troubadours connus; en conséquence, et dès le mois de novembre 1323, et par une lettre circulaire et en vers adressée à tous les pape, empereurs, rois, électeurs, princes, marquis, comtes, barons, à tous les amis et les enfans de la gaie science, pour les prévenir que l'an d'après, au premier mai, ils se réuniraient à leur verger pour entendre la lecture des ouvrages soumis à leur jugement, avec promesse pour le vainqueur *de la joie* d'une violette *de fin or*. Le sujet devait être religieux; à cette époque bienheureuse, on ne séparait pas le culte de l'art, et de leur étroite alliance naîssait la sublime Divine comédie du Dante, comme plus tard sortiraient les prodiges de Raphaël.

Ces sept troubadours, réunis sous le titre charmant de Mainteneurs de la gaie science, avaient pour chancelier maître Guillaume Molinier, le législateur du Parnasse, au moyen-âge, et dont on reproche à l'académie des jeux floraux, reconstituée vers 1500 par Clémence Isaure, de ne pas avoir mis encore le travail au jour.

Cet appel avait vivement ranimé le goût de la poésie : on devisait de cet appel dans les châteaux, dans les monastères, aux universités et même chez de simples bourgeois; une ardeur louable, une noble émulation excitaient les cœurs; et il était peu de fils de bonne mère, selon l'expression du temps, qui ne s'essayassent a rimer une tenson ou une villanelle, ou un sirvente plus grave; plus d'un baron concourait au prix; on sait qu'il fut remporté par messire Arnaud Vidal de Castelnaudary.

Tel était donc le sujet de la dernière conversation qui avait eu lieu entre le chevalier Gallois Izalguier et son écuyer Paschal Bonnet, avant qu'ils atteignissent Carcassonne; cette cité, alors comme aujourd'hui, était divisée en trois parties distinctes : l'ancienne qui, bâtie sur des rochers au-dessus de l'Aude, contenait le château des ex-comtes; la cathédrale et les manoirs de la noblesse, les faubourgs, l'un appelé la Trivalle, l'autre la Barbacanne, tous deux sur la rive gauche de l'Aude; la troisième enfin, sise à la droite du fleuve, et celle-ci avec son *barri* particulier (son faubourg), avait recueilli toute la bourgeoisie et les commerçans : ici le bruit, le mouvement, les affaires, la richesse naissante; là haut, la dignité, le calme et la grandeur.

Chaque portion de l'antique Atax (nom primitif de Carcassonne et du nom de l'Aude) était ceinte de remparts, de courtines, de tours fortes, de bastions, avancés; on pouvait s'y défendre; saint Nazaire était le patron de la cité, saint Michel archange et saint Vincent de Valence, étaient les protecteurs de la ville basse.

Le sénéchal de Carcassonne, à cette époque de son histoire, était messire Hugues Gérard; ce seigneur, recommandable par son âge, sa vaillance, ses vertus, cédait pourtant le pas au comte de Thezan, nommé provisoirement, par le roi de France, gouverneur suprême des sénéchaussées et villes de Narbonne, Carcassonne, Limoux, Castelnaudary et Béziers; il devait ce poste important au vif désir de sa majesté de bannir de la province les élémens de trouble. Il fallait surtout la purger de ce Poulpiquet, brigand audacieux dont la bande ravageait depuis la Guyenne jusqu'aux portes de Montpellier.

Certes, le roi n'avait pu mieux choisir que le comte de Thezan, ce fier seigneur, probe, valeureux, avait tant fait la guerre en partisan sur les frontières d'Espagne, qu'il connaissait les moyens et les marches particulières à ces corps, faibles de nombre, redoutables par la promptitude avec laquelle ils se portaient de çà et là.

Déjà des battues générales, des attaques

multipliées ayant annoncé à Poulpiquet un adversaire qui ne lui ferait pas quartier, qui surtout ne lui laisserait aucun repos; il s'était mis en mesure de ne pas se laisser surprendre, et lui-même, passant de la défensive à l'attaque, avait enlevé la nuit précédente, dans l'intérieur de Carcassonne, la fille du sire de Thezan. Ce coup hardi, annonçant autant d'effronterie que d'habileté, remplissait le pays d'épouvante. Qui donc pourrait se flatter de soustraire sa famille aux attentats du bandit, lorsque celle du gouverneur du Bas-Languedoc n'en était pas délivrée.

Le chevalier Gallois trouva à la porte de Carcassonne, si admirable monument des constructions gothiques, car elle existe tout entière, trouva, dis-je, la garde doublée au pont-levis; une surveillance sévère présidait à l'entrée et à la sortie; tout étranger était tenu de se faire connaître, de donner son nom ou de se rendre au château ; là, on lui faisait soutenir un demi-interrogatoire, et selon les réponses, il était relâché ou fait prisonnier.

Izalguier était trop connu pour qu'on le soumît à ces formalités; il s'en alla droit au château, où logeaient ensemble le gouverneur et le sénéchal; le palais de l'évêque était tout proche, et on communiquait avec lui secrètement, au moyen d'un souterrain qui s'étendait de l'une à l'autre demeure.

Le comte de Thezan était sorti lorsque son neveu vint le demander; ayant provoqué, contre le ravisseur de sa fille, des mesures religieuses; le grand inquisiteur de Carcassonne, Arnaud de Floure, suivi des autres juges et en présence du clergé, lançait en ce moment une sentence de comparution contre le ravisseur, tandis que pareillement Guillaume IV, évêque de ladite ville, lançait la foudre de l'excommunication.

On proposa au jeune homme d'aller rejoindre son parent à Saint-Nazaire ; il ne le voulut pas; un sentiment intime, une erreur de son esprit, le portaient peut-être vers les erreurs albigeoises, bien que chaque jour elles diminuassent d'influence; lui, touché des mauvaises mœurs du clergé de la province et de la cour papale d'Avignon, appelait, de tous ses vœux, une réforme dans la discipline de l'Église catholique, sans espérer de la voir jamais venir.

Pendant qu'il attendait son oncle maternel dans son appartement, le sénéchal particulier de la maison du comte de Thezan lui remit une lettre à son adresse, qu'un messager venu de Beauvoir avait apporté pour. Izalguier, dans son impatience d'apprendre ce que son père lui mandait, rompit le cachet, coupa le fil de soie, et ayant ouvert le parchemin artistement ployé, lut ce qui suit.

« Tes menaces ne m'épouvantent point;
« si l'un de nous deux doit trembler, ce
« n'est pas moi, mais toi, misérable, que je
« hais autant que je t'aimai; que veux-tu?
« De l'or? je suis lasse de t'en prodiguer; tu
« n'en auras plus; d'ailleurs, que fais-tu de
« celui que tu gagnes dans ton infâme
« profession? Qu'il te suffise de savoir que
« je n'étends pas sur ta fille le mépris et la
« haine que je te voue; chaque jour je tra-
« vaille à son bonheur; encore un peu de
« temps, et tu verras la preuve de la tendre
« affection qu'elle m'inspire. Garde-toi de
« faire aucune démarche pour parvenir à
« elle; tu la compromettrais entièrement, et

« tu lui enlèverais le brillant avenir que je « lui prépare; laisse-la épouser par le sot « que je lui destine, et le lendemain tu seras « libre de venir voir ta fille et ton gendre.

« Si, par cas, tu effectuais tes menaces, « libre à jamais envers toi, je te poursui- « vrais de manière à te faire repentir de cet « acte de folie et de pure méchanceté. »

A mesure que le jeune Gallois avançait dans la lecture de cette épitre mystérieuse, moins il pouvait croire qu'on la lui eût adressée; enfin, lorsqu'il l'eut achevée, lorsqu'il eut reconnu qu'elle n'était pas signée, quand il se fut assuré que les caractères étaient déguisés, il revint à la suscription; Elle portait :

« *Au père Ambroise Lupal, au prieuré de Saint-Martin.* »

Qui l'envoyait? Etait-ce sa belle-mère; il eut un instant cette idée, mais réfléchissant à toute la perversité qu'elle supposerait, il repoussa cette conjecture; mais pourquoi cette missive était-elle tombée en sa main, en échange de celle que son père lui envoyait? Sans doute tout cela l'intrigua singulièrement; il reprit le parchemin, et en l'examinant mieux, il vit sur le revers, de la même plume, mais en caractères plus fins:

« Qu'ai-je besoin de ton grand mot de « passe, *tonnerre et poix résine*; sois certain « que je ne m'en servirai jamais pour t'aller « voir; ta vue m'est trop odieuse. »

Izalguier, charmé de ceci, et au contraire croyant que l'occasion tarderait peu de le mettre en mesure d'avoir besoin du mot de passe des brigands, se félicita de la rencontre qui le lui procurait; cependant il crut utile de conserver avec soin une telle pièce : il la ploya, la cacha sous sa cuirasse et se prépara à questionner le sénéchal.

Celui-ci ne tarda pas à reparaître ; il était accompagné d'un homme que sire Gallois reconnut comme étant l'un des domestiques du château paternel, le plus avancé dans la bienveillance de sa marâtre ; ce personnage, dès qu'il se vit seul avec le vicomte, l'officier du sire de Thezan s'étant retiré, se mit à genoux, et, d'un ton de voix piteux conta à Izalguier que, ne sachant pas lire, il avait laissé pour lui à Carcassonne une épitre qu'il devait emporter ailleurs ; qu'arrivé à Saint-Martin, on l'avait fait apercevoir de son étourderie et qu'il revenait pour la réparer ; et en même temps, présentant au vicomte la lettre de son père, il le conjura de lui rendre celle qui était pour le père Ambroise Lupal de Saint-Martin.

—Arnaud, répartit le jeune chevalier, qui a fait une faute doit en savoir supporter la peine ; je ne te rendrais pas, en échange de mille sous d'or, la pièce importante que ton imprudence a fait tomber en mon pouvoir; tes plaintes, tes gémissemens, tes prières ne me changeront pas. Je ne te demande point qui t'a remis cette lettre, tu me mentirais; ce que je peux te promettre c'est qu'elle demeurera couverte d'un mystère profond; si cependant tu crains qu'il ne m'en échappe quelque chose qui te soit préjudiciable, voici ce que je te propose: parmi les domaines, des divers héritages que j'ai recueillis, j'ai un château en Provence et aux portes de Saint-Tropez, vas-y chercher un asile; je te nomme homme d'arme attaché au capitaine sénéchal du château; je te ferai donner une haute paie, et jamais je ne dirai ce que tu es devenu.

Ce personnage craintif, et redoutant la colère de celle qui lui avait confié la missive dont il venait de disposer si maladroitement, se détermina, après quelques réflexions, à accepter le parti qu'on lui proposait ; il se flatta qu'on le croirait retenu ou tué au prieuré de Saint-Martin ; en conséquence, ayant reçu une forte somme d'argent et un mandat du chevalier pour son sénéchal, il partit, et dès ce moment le Haut-Languedoc lui devint étranger.

Gallois venait de terminer cette affaire importante pour lui ; et l'homme qui se dévouait à sa volonté lui ayant avoué ce qu'il soupçonnait, il se hâta de prendre connaissance de la lettre de son père. Celui-ci, digne chevalier, étant mieux instruit en science héroïque qu'en celle de clergé, savait se battre ; mais écrire, non. En conséquence, et cette fois comme de coutume, il avait employé l'assistance du père Boniface, son pieux et grave Chapelain ; quelques phrases brièves et impérieuses ordonnaient au vicomte de Fourquevaux de se rendre sans le moindre délai au château de Beauvoir, où sa présence, disait-on, était indispensable à la conclusion d'une affaire majeure.

Dès son enfance, le jeune homme était accoutumé à une obéissance passive; jamais, dans la famille du comte, on n'aurait imaginé de lui résister en face et même indirectement; et, dans cette occurrence, sire Gallois, bien qu'il craignît que cette affaire se rapportât à son mariage avec Helmonde, néanmoins ne se sentait pas la force de désobéir.

Cependant le cas était pressant; son oncle venait de perdre une fille chérie, la compagne d'enfance et d'adolescence d'Izalguier; car la comtesse Eumérie avait été élevée avec sa sœur Alix; lui croyait savoir en quel lieu elle était détenue; et quoiqu'il eût juré à un brigand de ne rien révéler à autrui de ce qui se passait au prieuré de Saint-Martin, il ne pouvait pas consentir à complètement abandonner sa cousine, sans chercher à la délivrer de sa funeste position.

Que devait-il faire? fallait-il se soumettre à une austère injonction, ou bien retarder; il prenait conseil avec lui-même, et sa préoccupation était telle, que son oncle, accompagné de sa suite nombreuse et magnifique, entra dans la salle où il était et se tint immobile devant lui pendant un peu de temps, sans qu'il en fût vu ; enfin, lassé de la perpétuité de cette espèce d'extase, le comte prit le parti d'embrasser son neveu.

Retiré, par ce baiser amical, de sa méditation profonde, Izalguier en demanda pardon à son oncle, et aussitôt lui en dit la cause, afin de la faire mieux excuser; cela lui fut facile et il eut à consoler un père qui frémissait de rage et de douleur à la pensée que sa fille chérie, si chaste, si digne d'être aimée, était, en ce moment peut-être, la victime polluée d'un horrible brigand.

Quelques renseignemens, corroborés par le dire des Duval et de Paschal Bonnet, bien qu'en conformité de son serment chevaleresque Gallois se tut, avaient appris au comte de Thezan, sinon l'occupation du prieuré de Saint-Martin par Poulpiquet, du moins la présence de ce brigand sur la montagne d'Alaric et aux environs du village de Floure. Barthélemy aurait pu donner de meilleurs renseignemens, mais ayant mesuré sa prudence sur la retenue d'Izalguier, il crut devoir garder le silence.

Le comte de Thezan ayant convoqué les gens de guerre en garnison dans le pays, les mortes-paies de la cité carcassonnaise et le ban de toute la gentilhommerie, de la sénéchaussée, tandis que ses émissaires étaient déjà partis pour appeler au service du roi les nobles du Rasez, de Lauraguais, du Limousin, du pays de Saulz, du comté de Mineroc, de Narbonne, Tachan, Moutonnet Grasse.

Son intention était d'enfermer dans une circonvallation humaine les bandits campés sur les groupes de la montagne d'Alaric; il comptait par ce moyen les prendre comme dans un filet, et par conséquent leur enlever sa fille, qu'ils devaient avoir avec eux.

Gallois demanda à son oncle la faveur de combattre auprès de lui; il accepta avec joie son offre, et celui-ci, sans lui dire plus, se promit de faire une descente à main armée dans les souterrains du prieuré; en même temps le chevalier se mit à écrire, en ces termes, à son père.

« Monseigneur et très cher père.

« Le nommé Arnaud, l'un de vos domesti- « ques, m'a remis, il y a une heure, l'ordre « par lequel vous m'enjoigniez, toute affaire « cessante, de me rendre chez vous sans « retard. Dieu est témoin que je me met- « tais en route pour vous obéir, lorsque j'ai « appris que le brigand Poulpiquet a enle- « vé, pendant la nuit dernière, ma belle et « imcomparable cousine Eumérie. La dou- « leur de mon vénérable oncle, l'honneur « de toute la famille par trop intéressé à « cette offense sanglante, me commandent « impérieusement de faire moi-même ce « que votre humeur chevaleresque vous « ferait soutenir avec chaleur. Souffrez « donc que pendant quelques jours j'aide, « par tous mes moyens le comte de Thezan « votre frère, à recouvrer le trésor pré-

« cieux qu'on lui a ravi; ce devoir rempli
« je ne mettrai aucun délai à soumettre
« mes fantaisies à vos volontés.

» J'ai l'honneur d'être avec respect et
« passion, monseigneur et cher père, votre
« très humble et très-obéissant serviteur,

« Vicomte de FOURQUEVAUX »

Puis dans un post scriptum politique, il énonça son regret de n'avoir vu le domestique Arnaud qu'un instant, attendu la fidélité avec laquelle il lui tardait d'aller chercher d'autres individus pour lesquels il avait des dépêches pareilles. Ceci était raconté afin de tranquilliser la comtesse et de lui laisser croire que son émissaire aurait rempli tout son mandat.

Cependant à la voix du comte gouverneur, à l'appel du sénéchal, le château, les cours, les vastes salles se remplissaient d'une multitude de chevaliers, de barons et de nobles, à tous cris, tous conduisant avec eux les compagnies qu'ils amenaient, en leur donnant pour guide des étendards, des bannières, des flammes, de simples pennons.

Le comte recevait avec amitié tous ces nouveaux-venus, les remerciait du zèle avec lequel ils venaient au secours d'un pauvre père accablé de chagrins et d'ennuis; on répliquait par d'autres civilités, car la noblesse est une bonne école pour apprendre l'urbanité et pour rompre les jeunes aux formes si gracieuses, si avenantes de l'urbanité française.

—De mon côté, j'avais formé un nouveau plan; n'espérant trouver dans mon pauvre Paschal Bonnet le camarade courageux dont j'avais besoin, je le chargeai de me précéder à Beauvoir et de s'y rendre en y amenant mon père et ma mère de nourrice, car je retenais avec moi leur fils, mon frère de lait.

Le trio s'éloigna les larmes à l'œil. Marguerite, privée de ses deux fils, se croyant isolée sur la terre. Barthélemy au contraire vif, dispos, fier de se montrer à ma suite, ne cessait de me remercier, et dès qu'il eut endossé l'accoutrement militaire, il prit si bonne mine que ma nourrice, malgré sa douleur, ne put disconvenir que ce costume rendait plus joli garçon.

V

L'audace d'un Brigand.

> La force donne l'arrogance :
> le faible est humble.

Au moment de se séparer de Gallois, Paschal l'approchant d'un air mystérieux, et qui, vu l'occurrence, lui donna beaucoup à penser, mit dans sa main un rouleau de beau parchemin, et en même temps lui dit avec une expression solennelle :

—Sire, lisez ceci attentivement, vous en apprendrez à me mieux connaître, et certainement à m'estimer mieux.

Puis, sans s'expliquer davantage, sans rien ajouter, il monta sur son cheval et courut rejoindre la charrette de Mathurin, qui emportait la bonne Margoton; les premiers ordres qu'Izalguier donna à son nouvel écuyer, furent de se procurer dans la ville haute ou basse deux costumes complets de pèlerin. Barthélemy, charmé de se voir déjà en fonction, se hâta de parcourir les divers quartiers où à cette époque on trouvait facilement des rochets, des bourdons et même des coquilles de saint Jacques; on y vendait aussi les chapeaux et le rochet cirés, les sandales, les chapelets, petits-Christ, Agnus Dei et médailles bénites, sans oublier les sandales.

Barthélemy était descendu à la ville basse, son maître, le comte de Thezan, les barons de Saissac, d'Hautpoul, de Roger-de Cahuzac, de Vaudreuil, de Pins, de Dupac-de Bellegarde, de Badens, de Beon, de Castera, d'Auberjeon, de Bénavent-Rhodez, et plusieurs autres dînaient avant de commencer la chevauchée. Tous se promettaient l'extermination des bandits et demandaient avec instance à faire contre eux le serment du paon.

Sur ces entrefaites, le capitaine des gardes du comte de Thezan lui vint annoncer qu'un religieux du monastère de Saint-Martin réclamait la faveur de lui remettre, en main propre, une missive dont il avait la possession.

Le comte, espérant recevoir des nouvelles directes du lieu où il pouvait presque espérer de rencontrer sa fille, répondit gracieusement à la prière de l'admission, et l'officier ayant été transmettre ses gracieuses paroles, on vit apparaître un homme, grand, fort à proportion, dont la barbe brune et vigoureuse, annonçaient la force et la santé ; il portait une méchante robe blanche, un scapulaire noir et un manteau couleur de tabac d'Espagne ; une corde grossière ceignait ses reins, d'où pendaient deux chapelets : un de bois et grossier, l'autre de corail avec les gros grains d'agathe, et les chaînes d'or. Cette magnificence contrastait d'une manière étrange avec sa pauvreté extérieure et son air de douce componction.

Il marchait avec des sandales de bois, ne regardait personne ; mais baissant les yeux, les tenait constamment attachés sur la terre ; il entra modestement et devint pour les convives un objet de vénération et de respect ; il tira de dessous sa robe, et de dessus sa petite jaquette un paquet scellé de cinq sceaux.

— Monseigneur, dit-il en même temps, les pauvres moines sont bien malheureux de ne pouvoir par eux concourir efficacement à la défense de leur pieuse maison.

« Huit jours viennent de s'écouler, pendant lesquels nous avons dû ployer humblement sous la main de fer de notre abominable vainqueur et despote : celui qui s'intitule prince de Cailhavel, duc de Boucone, etc. Il s'est emparé de l'humble prieuré; l'a mis à contribution; a obligé les religieux, mes confrères, à partager les danses, les fêtes, les abominations de ces hommes de sang et de malédiction; enfin, ce matin, après avoir retiré de la triste demeure une prisonnière du second sexe dont il avait souillé notre maison, à peine a-t-il eu mis tout son monde à l'abri des poursuites, que lui-même traçant sur le parchemin ses instructions, me les a remises, m'enjoignant de venir vous les apporter, sous peine, pour moi d'abord, d'être écorché vif et puis grillé comme un malheureux; et tous mes confrères d'être sacrilègement privés de leurs joies, ce qui ne peut provenir que d'un mécréant, ennemi de Dieu et des hommes.

En achevant ce discours prononcé d'un ton papelard et solennel, ledit moine tire de son sein une lettre tracée, non sur du parchemin, mais sur du papyrus visiblement arraché à quelque manuscrit de l'ancien âge; le comte prend la missive et lit à haute voix ce qu'elle renferme.

« A toi, naguère comte de Thezan, gou-
« verneur pour le roi de France, du Haut-
« Languedoc, moins les ville et diocèse de

« Toulouse, marquis, comte, vicomte, ba-
« ron et seigneur, etc.,

« Moi, Guillaume-Nébian Poulpiquet, « grand-duc des compagnies franches, « marquis de Nore, comte de Bouconne, « baron de Cailhavel, etc., fais savoir « qu'en vertu de la bonne, franche et rude « guerre entre nous déclarée, j'ai ravi ta « fille Eumérie; apprends que, ce jour « même, cette noble prisonnière a quitté le « Carcassais; qu'amenée du côté de la mer, « elle sera dans deux heures au plus tard à « bord d'un vaisseau algérien, dont elle ne « descendra que lorsque, après avoir fait « la paix ensemble, tu me l'auras accordée « pour femme, unie en légitime mariage, « et reconnu elle et les enfans à naître de « notre amour, les héritiers légitimes de « tes vastes et riches domaines. Quant à « moi, cher beau-père, je quitte sur-le-

« champ également cette contrée : je me
« retire aux environs de Toulouse ; c'est là
« où tu me trouveras pour convenir entre
« nous du contrat à signer et des autres
« clauses de ce bel hymen.

« Adieu, ton fils dévoué,

« GUILLAUME-NÉBIAN POULPIQUET. »

Peu s'en fallut que, dans un premier mouvement d'indignation et de juste colère, le comte de Thezan n'ordonnât la pendaison du messager ; mais ayant peu après réfléchi sur le peu de sagesse qu'il y aurait à punir un moine des crimes d'un brigand, il se contenta de lui dire :

— De par Dieu ! mon père, je me plais à croire que vous ignoriez le message outrageant dont vous étiez chargé, car certes si je vous en croyais instruit, vous passeriez mal votre temps; retournez à votre sainte maison, je répondrai directement au scélérat qui brise mon cœur et qui ose encore plaisanter avec moi.

Le chanoine régulier, déguisant à peine un sourire ironique, se retira aussitôt. Depuis son entrée, Gallois Izalguier qui l'avait examiné avec une attention particulière, crut avoir retrouvé sur sa laide physionomie les traits du lieutenant de Poulpiquet, de Richard-le-Noir; curieux de s'assurer du fait, il quitta la salle dès la lecture de la lettre achevée et passa dans la cour du château.

Il y était depuis peu de temps, lorsqu'il vit venir à lui le moine prétendu qui, marchant d'un pas rapide, se montrait empressé à franchir le pont-levis du château, afin de sortir encore plus promptement de la ville. Ceci augmenta ses soupçons; et bientôt d'une voix ferme :

— Holà! oh! saint homme! cria-t-il, un mot à moi, je t'en conjure; dis-moi depuis quelle époque tu as fait tes vœux, et montre tes lettres de prêtrise.

— Elles sont demeurées, répondit en riant l'interpellé, dans ma gibecière, que j'ai laissée avec mon armure dans les bois qui garnissent le village de Penaultier; vous avez bon nez, bonne vue, sire Gallois, vous devez être habile chasseur.

— C'est donc toi, Richard, brigand téméraire, poursuivit le chevalier en abaissant le ton de sa voix, qui oses te jouer de mon oncle et de sa douleur?

— Dites donc que c'est moi qui au contraire n'avais accepté ce message que pour apprendre au comte de Thezan la vérité; mais lorsqu'au lieu de se conduire honnêtement, comme la chevalerie l'ordonne envers tout messager, je n'ai eu de lui qu'un renvoi grossier, ma foi, j'ai renfoncé ma révélation, et je l'emportais avec moi, si je ne vous eusse rencontré : vous me sauvâtes la vie à Tolose, c'est un service qui ne s'oublie pas. Écoutez : la jeune dame de Thezan n'est pas en pleine mer ainsi que le dit la lettre de mon capitaine, car tout au contraire on la mène vers Tolose ; je ne sais où encore ; mais Poulpiquet se vante qu'il trouvera en avant de cette ville un château dont la maîtresse consentira à dérober aux poursuites du comte de Thezan la fille de ce seigneur. Je vous en apprendrai davantage si vous me faites part du lieu où je pourrai vous donner de mes nouvelles.

— Je vais, répondit Izalguier plus instruit des desseins de Poulpiquet qu'il ne voulut le faire connaître, je vais, à dater de demain, rentrer au manoir de mon père situé à la senestre de Baziège, en venant de Villefranche; là s'élève le châtel somptueux et fort de Labastide Beauvoir; là tu pourras de jour et de nuit, à toute heure, communiquer avec moi. En attendant, reçois ce viatique pour t'aider à cheminer.

Quelques pièces d'or offertes furent acceptées avec avidité, et le voleur déguisé prêt à partir se mit à dire :

— Baziége Labastide. . c'est vers ce point que notre troupe se dirige; il y a là une vaste forêt commode pour notre campement. Adieu, sire, toute recherche à Saint-Martin serait dorénavant inutile. Si vous receviez un conseil de ma bouche, je vous donnerais celui de laisser tranquille le nid, car alors tôt ou tard on peut espérer d'y ressaisir l'oiseau; mais je vous prie de ne pas me retenir davantage; là-bas on m'attend et ici il y a du péril pour ma personne.

— Vas donc au diable, puisque c'est ta destinée! Ne ferais-tu pas mieux de t'attacher à moi et de vivre en honnête homme?

— Pour vivre de cette façon, il faudrait que je fusse ce que je ne peux être; il faudrait d'ailleurs que je n'eusse pas une injure à venger, monseigneur ; croyez-moi, suivons chacun notre route, qui sait ce que nous rencontrerons au bout.

Richard-le-Noir ayant dit ces derniers mots abaissa son capuchon, et d'un pas délibéré sortit de la ville. Gallois Izalguier, au contraire, rentra au château, et ayant demandé à son oncle un entretien particulier :

— Beau parent, dit-il, ne me questionnez pas sur ce que je vais vous apprendre. Je sais, de science certaine, que le bandit effronté vous trompe en annonçant que ma chère cousine est enlevée en pleine mer sur un bâtiment maure. Bien au contraire, Poulpiquet en ce moment la conduit vers la cité de Tolose. Là je perds sa trace; mais j'espère tarder peu à la retrouver. Croyez-moi, abandonnez des recherches inutiles vers Narbonne; rentrez à Tolose; faites inspecter les châteaux des alentours, là on retrouvera votre noble fille.

Le comte écoutait en père la révélation de son neveu; il ne l'interrompit pas, ne voulut pas perdre une seule de ses paroles; seulement, dès qu'il eut fini, il le saisit par les mains, et, avec une vivacité fortement accentuée, le conjura de mettre envers lui moins de réserve sur un point qui lui importait tant. Le sire Gallois, après une longue résistance motivée sur la parole donnée à Richard-le-Noir, se laissa vaincre en partie. Il dit à son oncle comment, ayant eu le bonheur de sauver la vie de quinze hommes de la troupe de Poulpiquet, l'un d'entr'eux, plus reconnaissant que les autres, venait tout à l'heure de lui faire savoir, par un messager reparti promptement, la route réelle que le chef des voleurs avait fait prendre à la comtesse Eumérie.

En dévoilant ceci, Izalguier, par égard pour son père, ne laissa rien échapper ni de l'incident de la lettre de la comtesse Ursule, ni du déguisement de Richard-le-Noir en moine du prieuré de Saint-Martin. Le comte, persuadé à son tour de l'exactitude des renseignemens recueillis par son neveu, tourna ses idées vers le Tolosain, et, par ses conjectures, chercha à reconnaître quels barons ses ennemis pouvaient prêter contre lui assistance à Poulpiquet.

Ce seigneur compta principalement trois

nobles maisons qui lui étaient hostiles; celle des Goyrans, auprès de la rivière d'Arriège, dont le sable roule de l'or; celle des Laroche, puissans seigneurs de Castanet; celle enfin de Cessalles, dont le château crénelé s'élevait non loin de la bastide de Beauvoir. Il y avait bien encore la veuve du sire de Tarabel qui ne lui pardonnait pas une inconstance de sa jeunesse.

Ce que le sire de Thezan raconta de cette dame aurait déterminément tourné vers elle tous les soupçons du vicomte Gallois Izalguier, si d'autres lumières non moins éclatantes ne l'avaient mieux éclairé. Il fut convenu, entre les deux parens, que le père d'Eumérie s'en irait demander aide et secours aux nobles du diocèse de Tolose et aux capitouls de cette grande ville qui, cette année 1323, étaient : Bertrand Barreau, *seigneur de Mervilla;* Pons Durand, Embrin

Raymond de Roaix; Raymond Arnaud de Villeneuve, *chevalier;* Guillaume Pons de Morlanes, *écuyer;* Raymond de Fontanes, frère de la comtesse Izalguier; Berrenger Raymond; Raymond d'Escalquens; Aldric de Mauran, *seigneur de Belbèze;* Hugues Joannis, *seigneur de Bruyères;* Arnaud Joannis, *seigneur de Garya.*

Ces magistrats, chefs des nobles, gardiens des reliques de l'insigne basilique abbatiale de Saint-Sernin, conservateurs des libertés publiques, avaient toujours tenu un grand état parmi les officiers municipaux des autres villes de France. Là, par un mélange féodal, c'est-à-dire rempli de vrai libéralisme et d'adresse, s'unissaient pour concourir au bien commun les nobles et les bourgeois élus simultanément; ils confondaient leurs efforts, et de part et d'autre s'établissaient des rapports de bienveillance et d'estime; aussi on remarqua, pendant tout l'ancien régime, l'accord parfait qui exista dans Toulouse entre le second ordre et le tiers-état.

VI

Le retour au Manoir paternel.

> Lors d'un second hymen, les enfants du premier deviennent des étrangers chez eux.

— Mon père est donc bien malade puisqu'il ne peut pas me recevoir ? disait Gallois Izalguier à sa jeune sœur Alix qui était accourue à son arrivée au château de Beauvoir, soin que n'avaient pris ni Hugues ni Célénie nés d'Ursule de Fontanes, ni encore moins Helmonde; ces trois-ci témoignèrent dans cette circonstance une indifférence qui pesa péniblement sur le cœur de leur frère aîné, Alix lui répondit :

— Il y a quatre jours que notre père a senti redoubler les accès de sa maladie fatale; il s'est hâté de t'écrire pour te faire rentrer ici, et il manifesta hier au soir une vive humeur du délai que tu opposais à l'exécution de sa volonté.

— Quoi! s'écria Gallois, un vil brigand enlève sa nièce et il m'en voudra du retard que j'aurai mis à la secourir? Est-ce ma désobéissance qui me prive de sa vue?

— Je ne le crois pas, répondit Alix, mais il a passé une mauvaise nuit, le mal a augmenté de violence: ce matin il ne permet qu'à notre mère et au physicien (médecin) Ducasse de s'approcher de lui.

— Notre mère! répéta Gallois avec amertume... hélas! nous n'avons pas le bonheur de la voir; elle est dans un cercueil, et c'est une étrangère qui tient ici sa place.....

En cet endroit de la réplique du chevalier, sa phrase fut interrompue par une voix forte qui, paraissant venir de loin, cria :

— Morte! qui l'a dit?... crime!... fallace!... déception!... Gallois Izalguier; vengeance!

Au même instant, on entendit distinctement une cloche sonner le glas de mort. Alix épouvantée, jetant un cri étouffé, se précipita dans les bras de son frère; celui-ci plus ému, plus étonné que frappé d'effroi, se signa néanmoins en bon chrétien, et demanda d'une voix ferme et haute l'explication des mots entrecoupés qu'il avait ouï. Un gémissement sourd, et le même bruit de la cloche lugubre retentirent après qu'il eut parlé.

— Qu'est-ce donc ce qui se passe dans ce château, dit Izalguier à sa sœur? est-ce la première fois que cette voix éclate, que ce tintement retentit?

— Ah! mon frère, répliqua la jeune fille dont les yeux exprimaient une vive terreur, Dieu aidant, n'a pas permis jusqu'à ce jour que ces funèbres paroles frappassent mes oreilles; mais depuis votre absence on a, dans le château et dans les environs, entendu à plusieurs fois cette cloche mystérieuse répéter uniquement le glas ou les coups pressés du tocsin.

— Et où est-elle cette cloche?

— On l'ignore; tantôt elle sonne tout proche de ceux qu'elle effraie, tantôt elle semble tinter dans une distance éloignée; aujourd'hui, elle sonnera dans les caves du château, et demain ce sera au sommet des tours.

— Qu'en dit notre aumônier, le vénérable père Boniface?

— Il soupire, se tait, nous recommande à tous de prier et de nous garantir des embûches du malin esprit avec des oraisons et de l'eau bénite; sans oublier le cierge Pascal et le buis béni du dimanche des Rameaux.

— Et mon père?

— Il a ordonné un silence profond sur ce fait, que notre mè....., notre belle-mère, attribue à la malice d'un ennemi caché; mais cela ne semble pas vraisemblable.

A peine Alix achevait, lorsque on heurta à la porte; la jeune fille, surprise à l'improviste, poussa un autre cri; son frère se retourna vivement, s'attendant presque à une apparition surnaturelle, lorsque les battans venant à s'ouvrir livrèrent passage au très peu immatériel Paschal Bonnet; il revenait de la pêche, et ayant appris l'arrivée de son maître, il s'était empressé de lui apporter ses hommages et deux grosses truites pêchées dans le ruisseau poissonneux et voisin du castel.

Izalguier fit un bon accueil à son ancien camarade de collége qui, de prime-abord, lui demanda s'il était content de son Idylle. Cette question, remémorant au vicomte qu'il avait reçu en effet de Paschal une pièce de vers, il s'excusa, en lui faisant observer que ses jours avaient été employés dans leur plus forte partie à chercher Poulpiquet, à accompagner le comte de Thezan, à faire avec lui des démarches infructueuses pour recouvrer leur fille et cousine, et qu'en conséquence les heures lui avaient réellement manqué.

— Eh bien! dit à son tour l'écuyer, j'espère, si vous m'avez perdu mon manuscrit unique, pouvoir tantôt vous le lire au moment de votre coucher..... A propos, messire, poursuivit Paschal, mais avec plus de chaleur, je présume que l'entrée de Barthélemy Duval à votre service ne privera pas votre premier écuyer du droit inhérent à sa charge de coucher dans votre chambre, dans votre lit par courtoisie, ou du moins sur des matelas établis en un coin; c'est un privilège que je réclame avec d'autant plus de véhémence, que, depuis notre départ pour la Grasse, ce château est devenu le réceptacle de tous les farfadets, lutins, esprits nocturnes, follets, fées, génies, larves, lémures, que sais-je, qui le hantent et s'y promènent impunément malgré le respect dû au comte votre illustre père.

— Aurais-tu donc déjà entendu sonner la cloche mystérieuse qui tout à l'heure...

— Ah! saint Sernin, miséricorde! s'écria Paschal en pâlissant, quoi cette damnée cloche a fait des siennes depuis votre arrivée? On dit que cela n'annonce rien de bon.

— Qu'est-ce que cela peut être? une malice d'un mauvais plaisant; si je me rencontre sur son passage, cent coups de bâton.....

— Ah! monseigneur, il ne vous craindra pas, et si j'osais dire.....

Il s'arrêta.

— Que savez-vous, Paschal? demanda la jeune Alix.

— Oh! damoiselle, ce sont des bruits de l'office et du commun. Petit Pierre, le berger du château, qui n'a pas lui-même trop bonne réputation, a conté avant-hier au soir, en pleine cuisine et devant bon nombre de vos domestiques, que vendredi dernier, en traversant, à minuit, le cimetière du village, et nul ne le questionna pour s'informer du motif qui à cette heure dangereuse l'attirait dans pareil lieu, il avait vu de ses deux yeux, et il l'a juré par le saint suaire de Carcassonne et par la sainte épine de Tolose, qu'il avait vu, dis-je, la tombe des Izalguiers s'entr'ouvrir, un fantôme en sortir, et celui-ci, glissant sur l'herbe sans la faire ployer, avait été quérir la petite cloche pendue à la chapelle du charnier, et qu'il se mit à la faire sonner, tandis qu'il se dirigeait vers le château où il entra en entr'ouvrant la muraille.

— Quel conte! dit Izalguier, tandis que sa sœur multipliait les signes de croix.

— Oui! quel conte, monseigneur, doutez de la chose, et pourtant nous apprendrez-vous où la cloche est cachée? car elle a disparue de son petit clocher au charnier.

— Disparue ! dit Alix à moitié anéantie.

— Quant à ce qui est d'être disparue complètement, c'est ce qu'à l'Université nous appelions une figure de rhétorique ; car on sait très bien où trouver ladite cloche ; mais il faudrait que ses pareilles manquassent à tous les clochers du diocèse avant que l'on s'avisât d'aller la quérir où elle est.

— Et où ! poltron insigne, reprit Izalguier ; où ? Voyons, s'il y a possibilité de la reprendre, je me charge d'aller la chercher si on m'indique l'endroit qui la recèle.

— Il n'est pas loin d'ici, répliqua Paschal ; mais, monseigneur, lors même que vous ne craindriez pas le diable en personne, je me flatte que vous ne voudriez pas descendre dans le caveau sépulcral où repose la tombe de votre respectable mère.

Ici Alix pousse un troisième cri ; Gallois, son frère, se recula rempli d'indignation, sa belle figure s'anima... Un instant, il porta la main à sa dague ; puis, s'étonnant de cette action involontaire qui avait fait trembler l'écuyer :

— Lâche abominable ! lui cria-t-il, ne mériterais-tu pas que je t'assommasses à l'instant même ? Comme je le devrais ! Quoi ! j'entendrai calomnier ma mère et je le souffrirais ! Malheur à toi si un mot de plus t'échappe concernant cette triste affaire !

— Et qui s'avise de calomnier en aucune façon une noble et sainte dame ? Où est le tort de dire ce qui est, ce que tout le village et le château, à l'exception des maîtres, ont entendu ?... Oui, monseigneur, qui va prêter une oreille attentive sur la plaque de marbre et de bronze qui recouvre la tombe de votre illustre mère, entend clairement le tintis de cette cloche s'élevant des profondeurs de l'abîme.

Alix, de plus en plus épouvantée de ce qu'elle apprenait, leva les yeux et les porta sur ceux de son frère : elle leur vit une expression de gravité solennelle qui l'étonna. Il gardait le silence, paraissait réfléchir; enfin s'adressant à Paschal :

— Eh bien, dit-il, à mon tour j'irai entendre le son extraordinaire de cette cloche fatale, et cela sans plus attendre, cette nuit prochaine.

— Que saint Sernin vous protège! se mit à dire le faible écuyer. Quoi! vous iriez à nuit close en plein cimetière, ou plutôt dans la chapelle, qui voisine du charnier, est unie à l'église du village.

— J'irai où ma malheureuse mère repose. Qui sait? Peut-être est-ce son âme qui demande des prières.

— Eh! monseigneur, pour lui en faire dire, avez-vous besoin d'entreprendre cette course périlleuse.

— J'irai, répartit froidement le jeune homme; tu ne te coucheras point, Paschal, et à minuit précis, munis chacun d'une lanterne sourde que tu te procureras, nous poursuivrons cette glorieuse tentative.

— Ne pensez-vous pas, sire, lui dit en tremblant Bonnet, que vous devriez, pour honorer votre nouveau serviteur auquel je suis attaché de tout mon cœur, lui donner sur moi des préférences? Je gage qu'il serait charmé de vous suivre.

— Je n'en doute pas, excellent Paschal, et même j'aime ton bon cœur; je t'en ferai honneur près de lui; mais d'une autre part je sais ce que je te dois, et rien dans le monde ne me fera manquer aux convenances. Je te le répète : tu viendras avec moi, et sois prêt ce soir à partir ainsi que je l'ai dit.

Paschal consterné allait répondre, lorsqu'une femme du service de la comtesse parut et invita Izalguier, au nom de sa dame, à se rendre sans aucun retard auprès d'elle. Le chevalier, charmé de cette audience, dont il attendait des éclaircissemens, embrassa sa sœur, congédia son écuyer d'un geste et suivit Albine, la chambrière favorite de la comtesse Ursule.

C'était dans une des plus belles chambres du château que la marâtre d'Izalguier le reçut vêtue avec la magnificence ordinaire aux personnes de haut rang à ces époques reculées; elle outrait la hauteur de sa coiffure et l'ampleur de son voile; elle portait l'une sur l'autre, en dessus, d'abord une robe de velours épinglé de Gênes, de couleur verte foncée, toute garnie de tresses, de glands, de boutons d'or, et largement brodée d'un cep de vigne en argent et perle, en dessous de ce vêtement, ouvert depuis la ceinture jusques à son extrémité, se laissait apercevoir un jupon de riche brocard des Indes, où la richesse de l'étoffe était effacée par le luxe du travail; une chaîne d'émeraudes et de rubis alternés, enchâssés dans de l'or couvert d'émail, à laquelle pendait une aumônière en velours pourpre et brodée en pierres fines, serrait sa taille, et retombait presque jusques à terre. Les poignets de la robe supérieure étaient retenus par des bracelets formés des mêmes pierreries, d'autres s'arrondissaient en manière de couronne comtale sur son couvre-chef; celui-ci de drap d'or soutenu par du fil de fer, qui lui donnait la figure d'un cône, s'élevait d'un pied, au moins. Au-dessus de la tête de sa cîme pendait un voile d'étoffe blanche d'une finesse merveilleuse, venue des Indes et toute parsemée d'étoiles d'or et d'argent; enfin, des souliers à la mode de l'époque, des pendans d'oreilles inestimables, plusieurs bagues à ses doigts complétaient la somptuosité de sa parure.

Elle était assise dans une chaire, sorte de vaste fauteuil où deux personnes pouvaient être à l'aise. Trois marches l'élevaient au-dessus du pavé, et un dais garni de bouquets de plumes le couronnait; au dossier, dans un cartouche admirable, soutenu par deux ardentes licornes et sommé d'une couronne de comte; on voyait briller en mosaïque l'écu souverain des Izalguier, qui est de gueules à la fleur d'Izalgue d'argent et la racine contournée en croissant.

Non loin de la comtesse, et pourtant à distance respectueuse, six demoiselles de compagnie brodaient au métier de leur maîtresse, à droite de son trône, un écuyer se tenait debout, portant sur son point l'émerillon favori, couvert de son capuchon et anyat des grelots d'argent à ses pattes; à gauche, un jeune page, vêtu d'une livrée blasonnée de rouge, de jaune et d'azur, aux armes des Thezan, tenait un miroir d'acier poli et un émouchoir en plumes de paon, enfin, et en arrière de la grande dame, on voyait deux troubadours une harpe à la main; ils en tirèrent des sons harmonieux à l'entrée du jeune comte, et le plus âgé, d'une voix pleine et harmonieuse le salua du chant suivant :

LE DÉPART DU CROISÉ.

Dieu le veut, il commande aux rois,
Je pars ma noble bien-aimée,

Je suis l'étendard de la croix,
Il me conduit en Idumée.
Du saint tombeau, fervent soutien,
Je vais où l'Église m'appelle,
Ensemble amant, preux et chrétien,
Servir mon Dieu, mon roi, ma belle.

Trop long-temps l'impie étranger,
Retint Solyme en son partage,
C'est aux Francs à la dégager,
Oui, qu'elle soit notre héritage.
Garde ta foi jusqu'au retour,
Tu seras le prix de mon zèle,
Lorsque j'aurai du même amour
Servi mon Dieu, mon roi, ma belle.

Si frappé d'un fer sarrazin,
Au bord du Jourdain je succombe,
Je veux que sur un roc voisin,
Les Croisés élèvent ma tombe.
Ils y mettront : là dort Didier,
Noble Aquitain, amant fidèle,
Pécheur contrit, bon chevalier,
Mort pour son Dieu, son roi, sa belle.

C'était la coutume à cette époque, on fêtait par des romances le retour ou la venue des chevaliers amis; mais l'usage n'était point que les parens proches fussent reçus avec ces honneurs usités. Izalguier fut frappé de la solennité de l'accueil, et malgré lui, il éprouva une sorte d'effroi de ce pronostic de vaillance malheureuse, car ce chant parlait d'éloignement et de mort. Trop courtois pour manifester la terreur superstitieuse de son âme; il salua avec vivacité et contentement une dame pour laquelle, malgré les nœuds qui les liaient ensemble, il ne sentait plus que de l'aversion et du mépris; puis il la croyait plus coupable encore qu'elle le paraissait, et plus d'une fois, involontairement, lui avait-il reproché d'avoir avancé, par sa mauvaise conduite, la mort de la comtesse Mahaud.

Maintenant, et après que les troubadours eurent achevé leur romance, non historique, mais pathétique et renfermant la belle histoire d'un chevalier du Languedoc, expiré en Terre Sainte, double martyr de sa foi chrétienne et de son amour. La comtesse fit un signe et aussitôt tout s'en alla.

On vit partir l'écuyer, le beau page, l'émerillon, les deux troubadours, les six dames de compagnie. Il ne resta dans la chambre que madame Ursule et son beau-fils.

« — Eh bien ! vicomte Gallois, dit-elle, vous voilà de retour de votre pèlerinage ; à la grotte. Pensez-vous planter ici votre pavillon ?

« — Je suis bien jeune, madame, répondit-il, pour me renfermer dans un château comme une veuve en larmes ou un chevalier couvert de blessures et accablé d'infirmités. Bien que j'aie pris ma part de quelques beaux faits d'armes, je n'en ai pas moins l'envie de faire, vers la Gascogne, mainte chevauchée contre les félons Anglais.

« — Le comte, votre père, est infirme, un aide lui devient nécessaire : croyez-moi, attendez que la guerre vienne vous chercher dans ces murailles ; elle tardera peu à ravager le Languedoc.

« — Grâce à Dieu, madame, les souffrances de mon seigneur et père sont passagères, il reprendra sa vigueur. Que mon frère d'ailleurs le seconde à Beauvoir, j'irai, moi, porter au loin la gloire de notre famille.

« — D'injustes vassaux se refusent à marcher sous la bannière d'Hugues; il semble qu'il n'est pas le fils du père commun.

« — Quant à moi, madame, qui n'envie ici aucun commandement, je ne recherche au loin que la gloire étrangère; d'ailleurs mon oncle vient de perdre sa fille, le brigand Poulpiquet la lui a ravie et je dois à ce noble parent, mes soins, mes avis et mon épée.

« — Nous avons reçu avec une vive douleur cette fâcheuse nouvelle, votre père et moi. Ceci rendra impossible, ou tout au moins très difficile, le mariage de ma nièce outragée par des brigands.

« — Eh madame! n'ayez pas peur, ne propagez pas surtout cette fâcheuse conjecture : non, le vil brigand qui a mis la main sur ma cousine en respectera la pudeur, si le monstre y manquait, je sais dans quels supplices il terminerait sa vie.

« — Et l'on dit que cet homme... extraordinaire a envoyé sur un vaisseau arabe la jeune comtesse de Thezan.

« — On le dit, madame. Lui-même l'a

écrit, n'importe; je saurai parvenir jusqu'à lui et lui arracher son âme odieuse.

Le front de madame Izalguier se couvrit d'une rougeur subite.

« — A propos, lui dit-elle, je suis étonnée que vous n'ayez pas ramené Arnaud avec vous.

« — Je ne pouvais le faire, car il prétendit même ne pouvoir m'attendre à Carcassonne, tant il était impatient d'aller remplir une autre mission. Ne vous est-il pas revenu?

« — Non, répartit la comtesse, dont la rougeur recommença; je l'attends, son absence m'étonne et m'inquiète. C'était un homme zélé, loyal, fidèle : plaise à Dieu qu'il ne lui soit pas arrivé de mal.

« — La bande de Poulpiquet infestait les environs de Carcassonne, dévastant, pillant, égorgeant les malheureux voyageurs.

« — Plut à Dieu qu'il eut fini ainsi, dit par trop inconsidérément la comtesse, puis venant à reconnaître son imprudence elle se mordit les lèvres et se hâta de dire :

« — Beau-fils, voyez à quelle stupidité nous livre le chagrin et l'isolement; me voilà formulant un vœu barbare, lorsque Dieu sait combien j'étais attachée à ce pauvre écuyer et que jamais je n'aurais consenti à faire répandre le sang d'un de mes semblables.

Quelque chose d'imposteur s'impressionnait visiblement sur la physionomie de madame la comtesse; mais un incident étrange qui survînt acheva de la bouleverser. A peine avait-elle terminé sa phrase sentimentale, que la même voix entendue déjà par Izalguier, s'élevant tout à coup, cria :

Fallace, mensonge, déloyauté, vengeance; et puis retentit par cinq fois le tintement du glas de la cloche du trépassé.

A cette manifestation terrible d'une puissance occulte, la comtesse cachant son visage dans ses mains, s'évanouit avec tant de promptitude, que Gallois put à peine appeller avec le sifflet d'argent qui était posé auprès de lui. A ce son bien connu, les dames, les femmes, les pages et jusqu'aux troubadours, rentrèrent en foule et témoignèrent une vive surprise à l'aspect de la comtesse, plutôt morte que vive.

« — Allez quérir le physicien, maître Ducasse, dit aussitôt le chevalier; mais la comtesse reprenant l'usage de ses sens, et redoutant que devant tant de monde l'esprit invisible ne renouvelât ses manifestations dangereuses, s'écria :

« — Non, non, pas de physicien, c'est

un accident passager, que tout le monde sorte, que M. le vicomte reste seul avec moi.

On lui obéit, non sans que la surprise en augmentât, et son inquiétude demeura éclatante, tant qu'une personne étrangère à ce fatal incident resta dans sa chambre.

VII

Marâtre et beau-fils.

> L'eau et le feu, la nuit et le jour, la vie et la mort, sont encore un contraste.

Dès que la comtesse eut entendu refermer la porte qui la séparait de ces importuns qu'elle redoutait tant, quelque peu de paix reparut sur sa physionomie. Un instant Izalguier, qui l'examinait avec une attention scrupuleuse, put croire qu'elle allait lui parler de ce qui venait de se passer, il se trompa, la comtesse, en intrigante habile, conduisit la bataille sur un autre champ; prenant une physionomie douce, bienveillante, affectée même.

— Beau fils, dit-elle, monseigneur votre père se sent plus que jamais malade; il craint d'être bientôt enlevé à sa famille et il aurait souhaité, auparavant, de voir l'aîné de ses fils quitter la vie aventureuse pour suivre celle de l'époux et du bonheur : cet excellent père veut le vôtre, il ne rêve que votre prospérité; et au-dessus des vils calculs de l'avarice, de l'ambition, il s'est complu à couronner le mérite modeste, les vertus brillantes, les qualités précieuses; il a voulu, dans votre compagne, vous procurer moins une femme qu'une troisième sœur, et pour résoudre de point en point ce problême difficile, sa bonté sans borne a jeté les yeux sur une fille bien née, point riche, mais qui, par sa beauté, par tout ce qui pare une personne de son sexe est digne de votre estime et de votre amour; et moi, fortement intéressée à rendre fortunée votre carrière, pensons que la main de ma nièce Helmonde, par ses domaines, comblera vos souhaits et que sa possession vous rendra pleinement heureux.

Bien que depuis assez de temps il fut visible au jeune chevalier que sa marâtre lui destinait cette indigne alliance; bien qu'il connut la faiblesse du comte, son père, il ne s'était pas encore imaginé que l'on oserait poursuivre cette intrigue inconvenante; il résulta de son étonnement que d'abord des motifs lui firent faute pour exprimer son idée, et au lieu de répondre subitement, il garda le silence pendant plusieurs minutes, laissant sa marâtre en proie à une vive anxiété; mais enfin, quand sa noble énergie eut surmonté l'embarras de ce premier moment, lui, prenant la parole avec une honorable fermeté :

— Certes, Madame, dit-il, j'étais loin de m'attendre à l'honneur que l'on se disposait à me faire; lorsque dès ma tendre enfance j'ai perpétuellement été nourri de la croyance que j'épouserais mademoiselle la comtesse Eumérie de Thezan, ma cousine germaine; ma mère avant sa mort avait conclu déjà cette union, j'en ai donné la sanction qui lui manquait, lorsqu'à l'époque de ma majorité j'en ai renouvelé volontairement la promesse entre les mains de ma belle cousine, et maintenant sans m'en avoir prévenu à l'avance, sans s'informer si ce changement me serait agréable, sans avoir retiré avec courtoisie la parole engagée au comte de Thezan, on me commanderait avec autorité un acte de félonie odieuse; n'espérez pas que je m'en rende complice, j'ai promis à ma cousine une éternelle foi, je renouvelle devant vous ce serment dont l'honneur et l'amour me font une impérieuse nécessité.

A mesure que le chevalier s'annonçait avec cette noble et énergique manière, la comtesse Ursule, en proie au dépit, à l'espérance trompée, à l'orgueil déçu, à la tendresse de sang froissée cherchait à se contenir, et à ne donner aucune prise sur elle par quelque éclat inconvenant : forte de la faiblesse de son époux; certaine que l'amour-propre blessé du comte de Thezan romprait de lui-même ce projet d'hymen, aussitôt que la déloyauté de son beau-père lui serait connue; elle tâcha de ne perdre aucun de ses avantages et de se maintenir dans la puissance de sa position; aussi, laissant parler son beau-fils tout à son aise, elle attendit que, lassé de parler, il lui laissât la liberté de prendre la parole, et ce moment venu, elle lui dit :

— Eh! quoi, mon cher fils, êtes-vous si peu galant, si peu courtois, que vous ne craignez pas de répondre avec tant de rudesse à une mère ou à une tante qui a pour sa nièce les sentimens de la maternité. Quoi! vous n'êtes pas touché des charmes de la belle Helmonde. Les chevaliers de la province vantent sa beauté; elle y joint des vertus précieuses; devais-je, en outre, vous dire que son cœur ne s'est pas défendu contre votre mérite et ne repoussera pas le don du vôtre.

—Je sais tout ce qu'on doit d'égards à votre oncle; mais vous, ne deviez-vous rien à votre père, à ma sincère amitié, à la tendresse de ma charmante nièce? vous semble-t-elle indigne de votre lit, et manifesteriez-vous aussi visiblement la haine que vous portez à votre seconde mère et à la famille?

— Ah! madame, et par grâce, répartit Izalguier, ne changez pas, s'il vous plaît, l'état de la question; il ne s'agit ici ni de haine ni d'antipathie, mais uniquement de me faire rompre, pour des calculs sans intérêt pour moi, un hymen né, pour ainsi dire, avec le couple destiné l'un à l'autre; ma cousine a grandi, persuadé qu'elle serait ma femme, je ne me suis occupé dès mon enfance que du bonheur d'être son époux, et maintenant je dois briser ces doux nœuds, renoncer à un amour qui se rattache à chacune de mes années, et porter à votre nièce non un cœur dont elle se soucie peu, puisqu'elle sait qu'il ne sera pas à elle, mais ce nom qu'elle désire pour satisfaire son ambition.

La comtesse, dont la physionomie à chaque instant s'enflammait davantage, allait répondre avec colère et parut se détourner de la route habile qu'elle s'était tracée, lorsqu'un page entra soudainement et lui remet un billet dont, lui dit-il, la réponse prompte était attendue. La comtesse, poussée par la curiosité, brisa rapidement le sceau et lut à l'écart les phrases suivantes :

« — J'attendais ta réponse, elle ne me « vient pas; je me détermine à venir la « chercher en personne; ce soir je camperai dans le bois de Baziège; tiens ouverte « à minuit précise la porte secrète des souterrains dont tu me dois la connaissance, « ils renfermeront dès ce moment une autre prisonnière! C'est peut-être un ca-

« deau que je te ferai ; dis, seras-tu fâchée « de garder pendant quelques mois, en « charte-privée, la fille unique du comte de « Thezan.

« Adieu, ton... ami, P. »

La comtesse était trop bien placée pour qu'il fut possible à son beau-fils de lire avec elle la lettre parcourue avec tant de joie ; mais du moins pouvait-il comprendre par le jeu muet de la physionomie, combien elle lui était agréable : à la dernière ligne surtout, ses yeux prirent un éclat excessif, ses joues se colorèrent soudainement, et elle ne put retenir un regard de félicité infernale qu'elle lança sur Izalguier. Celui-ci, certain que la marâtre recevait une nouvelle pour lui désavantageuse, puisqu'elle en riait, instruit d'ailleurs par ce que Richard-le-

Noir lui avait conté, et ayant enfin saisi le secret de l'intelligence de son ennemie avec le brigand; il lui fut facile de deviner qu'Ursule tenait en ce moment dans ses mains la demande que lui faisait le bandit, de devenir la gardienne de mademoiselle de Thezan.

Ce fut alors qu'il se reprocha avec véhémence la faute qu'il avait commise, en rendant la comtesse assurée de son éloignement pour Helmonde; il craignit que cette femme méchante et vindicative ne se vengeât sur une créature innocente, de la résistance qu'il lui opposerait dans cette occurrence, songeant également qu'il lui resterait toujours un gage terrible, dont la connaissance en ses mains faisait toujours trembler la comtesse, et la détournerait de se porter aux dernières extrémités; en conséquence, il se promit de tarder peu à lui apprendre d'une manière indirecte, que lui aussi pouvait la perdre si elle ne mettait pas de frein à sa malice.

La comtesse, de son côté, satisfaite à l'excès du gage puissant qui lui était remis, combinait déjà la mort de la belle Eumérie, espérant s'en débarrasser aussi facilement que déjà... Elle arrêta ce que son cœur allait se conter à lui-même, dans la crainte que ce secret mort ressuscitât. Cependant elle avait besoin d'un auxiliaire, et dans le moment, au lieu de poursuivre la conférence, elle ne forma que le désir de la rompre; en conséquence, serrant la lettre dans son sein et revenant à son beau-fils.

« — Croyez-moi, Gallois, ne vous mettez pas en rebellion ouverte avec tous ceux qui vous veulent du bien, avant de persister dans un refus qui peut vous être par trop nuisible; attendez, réfléchissez et prenez quelques jours; pour méditer une sage réponse, je me plais à croire qu'elle contentera votre père et satisfera mon amitié. Je vous demande pardon si je ne peux maintenant vous garder plus long-temps avec moi; une femme qui m'est bien chère, que la fortune place dans une situation pareille à la vôtre, où elle flotte entre son caprice et ses intérêts positifs, me demande des conseils; je vais lui donner ceux que je me plairais à vous offrir. Adieu, demain sans doute vous serez admis à l'honneur de voir votre père; gardez-vous de lui rien dire qui puisse agraver son triste état de santé.

Un geste gracieux fut le signe de congé. Izalguier s'inclina avec sa haute galanterie et partit, singulièrement préoccupé, mais toujours persuadé qu'il avait lu vrai ce que contenait la missive, et qu'il n'y avait pas la fable que sa marâtre venait d'inventer.

Dès que la comtesse fut seule, elle prit à

son tour le sifflet, en tira trois sons aigus autant qu'impératifs; cette fois le groupe ordinaire ne parut pas, mais par une porte secrète entra peu après un vieillard, à la mine haute, à l'air fier, vêtu de brun et de jaune; il portait sur la tête un casque, une épée pendait de son flanc, et quand il marchait on entendait le cliquetis d'un gros trousseau de clés, qui, passées dans un clavier d'argent, étaient attachées à un nœud de sa large ceinture.

Celui-ci s'avança vers la comtesse avec une indifférence dédaignante, à peine s'il la salua; néanmoins il se tint debout cérémonieusement devant elle; madame Ursule sembla quelque peu déconcertée à sa vue, deux ou trois fois elle leva les yeux vers les siens, à chaque les baissa promptement; à tel point qu'elle n'osait soutenir leur malice sardonnique. Lui, voyant qu'elle se taisait, se mit à dire d'un ton railleur et goguenard :

— En vérité, madame et noble comtesse, je commençais à craindre que vous eussiez rompu tout rapport envers votre plus proche parent... Ah ! oui, je vois votre geste, je l'explique, cette qualification d'homme de votre sang, de votre aïeul maternel... Encore, oh ! ce maudit vieillard est incorrigible ou plutôt oublie très certainement que pour lui procurer du pain d'une manière économique et productive, nous lui avons fait obtenir depuis de bien longues années, le poste sinon très honorable, du moins lucratif de concierge et sénéchal intime du château de Beauvoir; mais depuis qu'il ne peut servir, depuis qu'on n'a pas un crime à lui demander...

— Vous êtes bien sévère envers moi, se mit à dire la comtesse en essayant de radoucir la sécheresse de sa voix; vous connaissez l'insupportable orgueil de mon mari, vous savez quel avantage sa superbe famille aurait tiré pour m'humilier, peut-être même pour obtenir une répudiation, si on avait su que mon aïeul paternel était un maître boucher de la ville de Bourges, d'une autre part, cher père, il m'était si agréable de vous avoir auprès de moi, que j'ai choisi le seul poste ou je pouvais contenter ma tendresse et la discrétion.

— Femme fausse et coupable, repartit sévèrement le vieillard; n'aurais-tu pas dû respecter mon âge et notre consanguinité, plutôt què de me faire participer à un...

— Silence, mon père silence, au nom de l'amour que vous avez pour moi et de celui que je vous porte, ces murailles ne sont pas fermées à mes ennemis. Voici un mois environ, qu'un personnage mieux instruit que nous des passages secrets qui remplissent ce château, en profite pour m'outrager et répandre partout une terreur qui m'est hostile; au reste, vous dont le cœur fut si agréablement chatouillé, lorsque votre petite fille épousa le chef de la première maison du Languedoc, de quelle joie ne serez-vous pas agité, lorsque vous saurez qu'il dépend de vous qu'Helmonde, et celle-là doit vous être également chère, qu'Helmonde est en voie d'épouser le fils aîné de mon mari.

— C'est une chimère que tu te crées, répliqua le vieillard qui, malgré sa mauvaise humeur, n'était que trop sensible à l'élévation de sa descendance.

— Non, cher père, c'est une réalité; mais il me faut encore votre concours.

— Un autre meurtre?...

« — Silence, vous dis-je, on nous écoute et nous serons tous perdus. Non, je n'exigerai pas deux fois de votre amitié la terrible exécution; il faut seulement que dans la partie des souterrains connus de vous et de moi, et non de mon mari et des autres habitans du manoir; vous prépariez vous-même une chambre dans laquelle on puisse retenir pendant un couple de mois une femme... On ne vous laissera pas la tâche de veiller à ses besoins; je mettrai auprès d'elle quelqu'un qui vous remplacera.

« — Vous avez donc été mécontente des soins que j'ai accordés à la prisonnière défunte...

La main de la comtesse se portant rapidement sur la bouche de son aïeul pour la clore, l'empêcha de prononcer en entier le dernier mot que j'ai écrit pourtant.

« — Oh! ne me jugez pas avec tant de

rigueur, c'est au contraire pour vous empêcher de vous plaindre à cause de votre âge et du respect que je vous dois, que je vous enlève le triste rôle de geôlier, en vous laissant celui plus agréable de sénéchal-concierge.

« — Syrène, répondit le vieillard flatté du luxe peu commun que sa petite fille prodiguait, soit dans ses vêtemens, soit dans sa chambre de parade. Syrène, tu fais de moi tout ce que tu veux.

« — Avez-vous à vous plaindre; voyez à quel étage je suis parvenue, encore un dernier effort; Helmonde mariée; alors Sémiramis seconde n'aura rien à craindre de Ninias.

Le boucher, qui de sa vie n'avait lu que le Pseautier, ignorait l'existence de la reine de Babylone. Aussi ne comprit-il pas tout ce qu'avait de menaçant pour la vie du comte Izalguier, cette citation historique.

A peine eut-elle été lâchée, que la prudente Ursule aurait voulu, au prix d'une forte somme, qu'elle n'eut pas été mise au jour. Satisfaite de l'ignorance du vieillard, elle se promit une autre fois plus de réserve.

Parlant à voix basse, elle conta à son aïeul ce qu'elle voulut touchant la nouvelle détenue; et bien qu'elle se fiât en son amitié, elle ne lui apprit pas le nom d'Eumérie et moins encore sa qualité de fille du comte de Thezan; en même temps, elle se fit désigner la grotte souterraine qui servirait de logement; par quels passages intérieurs on y pourrait aboutir. Munie de ces instructions, elle congédia le vieillard, appela cette fois sa maison, et peu après, le dîner ayant sonné, elle passa chez le comte.

VIII

Poésie.

La frayeur est adroite.

Il était à peu près neuf heures du soir; la nuit pluvieuse et livrée aux rafales de l'orage, n'invitait pas trop à quitter une chambre chaude et bien éclairée. Une bouteille de vin vieux de Villaudric et un reste de pâté de lièvre, accompagné d'une poularde à la broche et d'une queue de saumon, qui tout à la fois tentaient la vue, le goût, le toucher et l'odorat. D'une part, les rideaux, les portières bien fermées, la cheminée resplendissante du feu que procuraient cinq grosses bûches de chêne; la table enfin, chargée des mets appétissans que je viens de dénombrer. Tout cela réjouissait à tel point l'écuyer Paschal, qu'en retour il ne pouvait sans désespoir songer que trois heures après il faudrait quitter ces douceurs enchantées pour aller courir les champs, où, à part la tempête qui ne se faisait que trop entendre, on pourrait rencontrer des loup-garoux, des voleurs, des sorciers, des démons et des fantômes.

Il résultait de cette terreur anticipée, que le pauvre garçon, déjà se mourant d'effroi, dépêchait, sans jouir complètement comme il l'aurait fait dans une situation plus tranquille, les morceaux énormes de ces plats délicieux, que le chevalier s'empressait de poser tour à tour sur son assiette; mais vainement cherchait-il à le mettre en gaîté. A mesure que le sable tombait en marquant l'heure, Paschal perdait d'autant plus de sa gaîté et de son appétit.

Ceci causa une pitié réelle à son maître, qui, connaissant l'influence de sa vanité d'auteur, se résolut à en tirer parti, afin de ramener au cœur de son ancien condisciple des sentimens moins effrayés.

En conséquence, prenant la parole, et après avoir regardé le sable.

« — Parbleu! Paschal, puisqu'il nous reste encore deux heures à deviser, il me semble que nous les passerions bien agréablement si tu voulais me lire la pièce de vers que tu te proposes de soumettre au jugement des mainteneurs, après que le prix pieux aura été solennellement accordé par eux.

La rougeur d'une satisfaction vaniteuse monta au front de l'écuyer, à cette prière qui lui était si agréable, cependant et avec cette fausse modestie dont nul n'est la dupe, et dont les auteurs ne se départent presque jamais, celui-là, faisant mille singeries, feignait d'accueillir avec indifférence une proposition dont il était charmé à part soi. Izalguier poursuivit sa requête, enfin le poète battit la chamarde et sortit de sa poche la copie de la pièce de vers que le jour d'auparavant il avait remise à son maître.

« — Monseigneur, dit-il, avant de commencer, je dois vous apprendre que l'amour dans l'Orient est accompagné de plus de mystères qu'en Europe. Chaque passion peut devenir sanglante; la femme surprise dans l'oubli de ses devoirs est mise à mort, enfin et pour qu'elle eut moins de sensibilité pour être infidèle, on néglige de lui apprendre à lire et à écrire; mais comme dans cette position le cœur n'en est pas moins sensible, voici ce que les femmes devenues industrieuses par sentiment, ont imaginé. Chaque fleur a une signification, exprime un mot, un sentiment, une pensée, on dépeint dans cette langue mystérieuse et si agréable, les peines, les plaisirs, les tourmens, les caprices, les erreurs, les volontés de l'amour. L'envie, la jalousie, la coquetterie, la frivolité, le dédain, même l'indifférence;

Tout prend un corps, une âme, un esprit, un langage.

Tout peut être transmis, soit la déclaration, l'aveu, les querelles, les reproches, les avertissemens, les douceurs de cette passion. La langue des fleurs toute mystérieuse a une puissance, une magie que j'ai tâché de translater dans mes vers et dont j'espère que vous serez satisfait; j'ai jugé nécessaire, poursuivit le poète, de vous expliquer ce que mon Idylle aurait eu d'obscur à vos yeux; maintenant que vous êtes averti, il ne me reste plus qu'à me faire entendre.

Izalguier, qui réellement aimait les arts, avait trouvé du plaisir à avoir une explication qui lui était agréable; ce qu'il en dit acheva de charmer le poète qui, son manuscrit à la main, se plaça le dos tourné à la grosse bougie de cire blanche qui éclairait la chambre, et, certain du silence de l'auditoire, il débita jusqu'au bout le poème que voici :

Le Langage des fleurs.

IDYLLE.

Radicules filles des champs,
Vous dont Flore remplit sa brillante corbeille,

D'un seul matin, passagère merveille,
C'est vous que célèbrent mes chants.
J'aime à voir vos beautés, elles m'offrent l'emblème
De nos vertus, de nos défauts nombreux,
Et chaque humain se retrouve lui-même,
Dans vos couleurs, dans vos penchans heureux.
Le LYS royal, qui fier de sa coupe d'albâtre,
Élève son front embaumé,
Rappelle à mon regard charmé,
De la belle que j'idolâtre,
Dont je suis toujours enchanté,
Les *nobles sentimens,* la douce *pureté.*

La VIOLETTE est modeste et jolie,
Me représente mon amie ;
Sa *candeur,* sa *simplicité.*
Si quelquefois mon esprit tourmenté
Redoute la *coquetterie,*
J'en fuis l'emblème détesté,
Dans le MUGUET de la prairie.

A mon amante tous les jours,
Je veux en ma tendresse extrême,
Offrir la GERMANDRÉE, elle qui dit toujours,
Plus je vous vois, plus je vous aime.

Si d'un rival je contemple *l'orgueil*,
La TULIPE brillante est sa frappante image.
S'il obtient un aimable accueil,
C'est le SOUCI *jaloux* qui devient mon partage.

Si parfois en un frais jardin,
Je promène au hasard ma tendre rêverie,
Tout me retrace mon amie,
Je vois dans le jaune JASMIN.
La *première langueur* qu'éprouva ma folie,
Quand l'*amour* entra dans son sein.

L'HÉLIOTROPE parfumée,
Est pour moi l'emblême charmant
De ce *sincère attachement*,
Que je voue à ma bien-aimée.

L'ŒILLET au front pompeux nous peint le *sentiment*,
D'un baiser fugitif, du *bonheur d'un moment*.
Le RÉSÉDA devient l'image même,
La blanche TUBÉREUSE est l'*esprit délicat*
De la belle que j'aime.
La ROSE DES JARDINS offre le prompt éclat
De la *beauté passagère* et *coquette*.
La rouge CAPUCINE importune le fat,
Car elle est *modeste* et *discrète*.

Si l'on exigeait aujourd'hui
Que je peignisse un sot lorsqu'il nous rompt la tête,
Prenant la GIROFLÉE et l'approchant de lui,
Sans prononcer un mot, par ce symbole honnête,
J'exprimerai notre commun *ennui*.

De l'astre bienfaiteur de la nature entière;
Cette BELLE DE NUIT déteste la lumière,
Son langage muet répète chaque jour;
Jeunes beautés *craignez l'amour*,
Jetez les yeux sur ma voisine,
La bleue et touchante ÉGLANTINE,
Vous peindra *l'amour malheureux*.
L'OREILLE D'OURS vous dit: *On cherche à vous séduire*,
Écoutez ses avis, ils pourront vous instruire,
Pour éviter de cruels feux.

L'AMARANTE à son tour, prêche l'*indifférence* ,
Mais en France l'on aime mieux
Et l'IRIS et son *inconstance*.

N'écoute pas ce discours dangereux,
O mon adorable Zélie,
La MARJOLAINE est *trompeuse, polie*,
Ah! fuyons, crois-moi, son contact rigoureux.
Mais suis mes avis, je t'en prie,
Que la BELLE DE JOUR et sa *coquetterie*

Ne puissent jamais plaire à ton cœur amoureux.
De l'ORANGER la *fleur* suave,
Vrai tableau d'un *cœur généreux*,
Seule doit te conduire à ton amant heureux.
Le PALMIER dans les airs s'élève pour le *brave*,
Et le CYPRÈS annonce un *destin rigoureux*,
Fuyons son triste aspect, il afflige nos yeux;
Rappelons-nous plutôt ces charmantes journées
Où sur des rives fortunées,
En m'offrant du LILAS le bouquet odorant,
Tu me tins sans parler cet aimable langage,
Que ne pouvait ouïr un être indifférent.
Première émotion d'un amour sans partage.

A mon *premier soupir d'amour*,
La CHELIDOINE orne ta tête.
Et quand la PRIMEVÈRE y parût à son tour,
J'obtins le doux *espoir* de faire ta conquête.
Le souvenir de ces derniers momens
Reste gravé dans ma pensée,
Lorsque m'offrant une PENSÉE,
Par elle tu me dîs ces mots toujours charmans,
Je partage vos sentimens,
Dans votre cœur puissé-je être placée,
Alors le CHÈVREFEUILLE et ses bras tortueux,
De la plus pure ardeur nous offrirent les chaînes,

Nous unîmes alors nos *plaisirs* et nos *peines*.
Tel que le LIERRE embrasse un orme fastueux,
Du brillant TOURNESOL admirant la stature,
Nous répétons ces mots si doux;
Franches expressions d'une tendresse pure,
Je ne vois je n'aime que vous.

En t'offrant le BOUTON qui déjà se colore,
Près de la ROSE aimant le zéphir amoureux;
Je n'irai pas te dire encore,
Que ton cœur indocile *ignore*
L'amour qui règne dans tes yeux.

Non je n'ai point oublié ce bocage,
Ce lieu témoin de nos chastes plaisirs,
Où la JONQUILLE, emblême des *désirs*,
Naissait pour nous sous un riant feuillage.
Un jour, il m'en souvient, nous en sortions tous deux,
Nous venions de jouer aux plus aimables jeux,
Et de la *volupté* le MYRTHE, heureuse image,
De ton front rougissant, parait tes blonds cheveux.

Le BOUTON au front D'OR présente la *noblesse*.
Le JAUNE VIOLIER annonce la *sagesse*.
L'ACHANTE sait offrir d'*indissolubles nœuds*.
L'ANÉMONE appartient à la *persévérance*.

Le LAURIER du *triomphe* est l'arbre belliqueux.
La fière RENONCULE est pour l'*impatience*.
L'altier COQUELICOT au front toujours sanglant,
De la *colère* est l'emblême terrible.
Le superbe PAVOT du *sommeil indolent*.
Symbole d'une âme sensible,
J'aime la SENSITIVE, et lorsque se voilant,
Elle nous peint les maux que dans un cœur sensible
Vient causer un Dieu turbulent.

Le SERPOLET aime l'*étourderie*
Et l'ÉGLANTIER *franche simplicité*.
Et l'ANÉMONE exprime à l'amante chérie,
Un cœur constamment tourmenté
Par une *injuste jalousie*.
Douce *candeur* brille dans BLANC JASMIN.
L'IMMORTELLE est *amour sans fin*.
La PERVENCHE constante *amitié pour la vie*.
Le BARBEAU se complait en la *fidélité*.
Le BLEUET est la *pureté*
Du *sentiment* qu'inspire mon amie ;
Des *attraits* et de la *bonté*.
Le LAURIER-ROSE est la figure.
Et la ROSE NAISSANTE au bord d'une onde pure,
Dont une épine orne le sein,

Jeunes beautés, est la peinture
Des mystères du blond hymen.

A mesure que Paschal avançait dans sa lecture il examinait avec une extrême attention le jeu de physionomie du chevalier pour y lire le succès de son ouvrage. Il dut être satisfait. Le sieur Izalguier lui ayant adressé ces complimens qu'un auteur accueille avec tant de joie et dont la sincérité lui paraît incontestable.

Cependant le croirait-on, le sentiment de la peur était passé si loin chez l'écuyer, qu'il eut préféré que son Idylle fleurie eut plongé dans un profond sommeil son auditeur. Mais celui-ci loin de céder au repos ne conservait que plus d'énergie et ne manifestait qu'un plus ardent desir de consommer son projet. Le temps courait avec sa rapidité ordinaire, déjà le sablier annonçait que le moment d'expédition approchait.

Les traits de Paschal devenaient d'autant plus mélancoliques qu'il se voyait sur le point d'être exposé à un terrible danger. Il écoutait avec une angoisse inexprimable le tumulte de la tempête dont les tonnantes voix occupaient tous les échos, et c'était avec une lenteur désespérante qu'il revêtait son armure, et Izalguier ne put lui faire entendre qu'un manteau, vu l'occurrence, valait mieux qu'une jacquette de fer.

Lui se contenta de prendre une bonne et courte épée provenant des ateliers de Damas, une dague fabriquée à Milan avec un soin extrême. Il couvrit sa tête d'un léger casque sans plume, cimier ni lambrequins ou valots; un gros bâton ferré devait soutenir sa marche au milieu des flasques d'eau, des mottes de terre qui l'embarrassaient et pour l'aider à franchir les fossés de la route.

Enfin il fallut partir, l'orage redoublait de furie, la foudre grondait, la pluie tombait à torrens. Izalguier suivi du piteux Paschal descendit à la demeure de maître Albéric Labran, concierge sénéchal de la Bastide de Beauvoir, et lui commanda de faire baisser sur le champ le pont levis, ayant à sortir pour affaire pressée.

Le respect qu'inspirait le fils aîné de la maison ne permit pas au sénéchal de faire au moins des objections. En conséquence il donna l'ordre à l'homme chargé de faire jouer la machine de la mettre en mouvement lui-même; vint ouvrir la porte de chêne doublée des deux côtés de fer, et malgré l'intempérie de la nuit, le vicomte Gallois et son écuyer se trouvèrent aux approches de minuit, à pied, contre l'usage de la chevalerie, en dehors des murailles du château puissant de Labastide de Beauvoir.

A peine Paschal entendit-il le bruit des chaînes du pont levis que l'on relevait, que lui-même ne pouvant commander à son épouvante se rapprocha de son maître et d'une voix basse :

—Monseigneur, dit-il, votre piété trouve-t-elle bon cette bravade que nous allons faire de la tombe, certainement les morts se fâcheront de notre visite et l'un d'eux, parmi les plus malins, se débarrassant de son suaire se relèvera de son cercueil.

—Plût à Dieu repartit mélancoliquement le jeune homme, que ma mère à mon approche se reveillât et que j'eusse le bonheur de la voir une autre fois. »

Cependant ils cheminaient avec une difficulté extraordinaire. Les sentiers étaient rompus ou pour mieux dire se montraient inondés; la boue épaisse, gluante et collante retardait la marche, et le vent et la pluie frappaient impétueusement les deux aventuriers et les arbres du voisinage. Paschal conseillait à son maître de revenir sur ses pas, mais lui inébranlable dans l'exécution de son projet ne se départait pas de cheminer vers le but désiré.

Tout à coup, et au moment où l'un et l'autre allaient pénétrer dans l'enceinte du cimetière, la main d'Izalguier fut saisie avec une vivacité extrême par celle de son écuyer, qui du même temps l'entraîna avec véhémence derrière la muraille du champ de repos. Surpris de la brusquerie du mouvement et ne voyant rien qui put le motiver, le chevalier allait, avec aigreur peut-être, s'enquérir de la cause, lorsque Paschal le prévenant dit à son oreille :

— Au nom de Dieu et de notre conservation, silence! si vous laissez à connaître que nous sommes ici nous sommes perdus.

— En vérité, Bonnet tu lasses ma patience, de quoi as-tu peur? Est-ce du bruit du vent, de celui de la foudre ou du clapotement des eaux qui courent autour de nous?

— Je vous dis que nous ne sommes pas seuls à courir, le Guille dou, il y a pareilment des extravagans en campagne, à moins que ce ne soient les bandits des compagnies franches de Poulpiquet, en personne; et tenez, monseigneur, là-bas en face de nous voyez à la lueur de la foudre ces armes qui étincellent, on peut même ouïr le bruit du pas des chevaux. »

Izalguier avec le coup d'œil habile d'un chasseur ou d'un soldat consommé, reconnut l'exactitude du rapport qui lui était fait: alors, se rappelant qu'en effet cette nuit même sa cousine devait être amenée au château de Beauvoir. Il ne douta plus que ce ne fut elle qu'on amenât, ou que ce ne fussent des brigands qui effectuassent leur retraite. Dans cette incertitude, il poussa promptement, mais en évitant tout éclat, la porte du cimetière qui par hasard était demeurée ouverte, il l'assura à l'intérieur au moyen de diverses pierres et d'un verrou qu'il trouva ; et alors presque certain qu'on ne le découvrirait pas, il se mit en position de voir par une fente le défilé du groupe de gens qui venaient à lui.

Il vit d'abord chevauchant une trentaine de cavaliers montés sur de fortes jumens accoutrées comme en temps de guerre, les hommes, eux aussi, étaient entièrement couverts d'armures solides et luisantes, l'eau du ciel leur procurant en outre un éclat momentané qui, les fesant reluire aux feux du ciel, permettait de les mieux voir.

A leur suite s'avançait un corps de fantassins, il pouvait y avoir là cent ou cent-vingt hommes, tous affectant une certaine apparence militaire et en réalité ayant la forme de brigands achevés, chacun vêtu à sa manière portait l'arme offensive qui lui convenait le plus ; ils marchaient au pas, mais à tous momens ils rompaient la mesure jurant d'ailleurs et déplorant le malheur de leur condition qui les obligeait à se lever en masse pour protéger uniquement une personne qu'on leur disait importante, qui leur payerait une forte rançon, mais qu'ils eussent mieux aimé voir au fond de la mer, car cela étant le capitaine ne les ferait pas patrouiller dans la boue en la compagnie de cette tempête affreuse.

Derrière eux venait un groupe d'officiers mieux habillés, au milieu desquels l'œil habile d'Izalguier distingua un palefroi sur lequel était une femme enveloppée dans une cape et à qui on avait mis un masque sur le visage, dans le but coupable de dérober la vue de ses traits ; à sa droite était le capitaine, reconnaissable au milieu de la troupe par la touffe énorme de plumes rouges et noires; à sa gauche, chevauchait sur une forte mule Andalouse le demi-géant Richard-le-Noir.

A la vue de celle qu'avec tant de raison il croyait être sa cousine, Izalguier sentit son cœur se déchirer, et s'il n'eut écouté que sa bravoure impétueuse, il se serait lancé sur les ravisseurs et les aurait puni en trouvant la mort. Mais cet acte de désespoir ne déroberait pas la jeune comtesse à ses geôliers, il était donc plus convenable de feindre, de prendre patience, et de leur enlever le secret du lieu de sa résidence.

Tout à coup la cavalcade s'arrêta et l'on vit des fantassins se reculer en tumulte, et en même temps Poulpiquet avec un accent colérique demanda la cause de ce désordre,

— La cloche, lui crie-t-on ! la cloche du trépassé tinte au milieu de l'orage. »

En effet, on entendit par cinq diverses reprises le son de cet instrument mystérieux; et comme s'il avait eu des rapports intimes avec la foudre, celle-ci, chaque fois qu'elle cessait de tinter, se mettait à tonner avec une nocturne furie.

Bien que la présence si rapprochée des brigands inspirât à Paschal une étrange frayeur, son effroi augmenta encore aussitôt que ce son surnaturel se fut fait entendre, il promena sur le cimetière un regard piteux puis il dit à son maître :

— Nous sommes perdus.....

La main d'Izalguier lui coupa la parole.

— Que m'importe, le sonneur de cloche, s'écria Poulpiquet, çà mes braves que l'on chemine en avant. Quant à moi je gratifierai d'un bon coup de poignard celui qui seulement proposera de reculer d'une demi-semelle.

On savait le chef très capable de tenir ce qu'il promettait, et la compagnie passa outre, non au complet, car Poulpiquet et six de ses chefs supérieurs, demeurèrent appuyés contre la porte du cimetière dont la couverture formait une sorte d'abri.

—Richard, dit-il à son confident, chemine avec la donzelle jusqu'au moment où, à la gauche de cette route, tu apercevras une vieille tour ruinée dont on a fait un ermitage. Là se retire, lors du mauvais temps, un garde forestier, qui au mot d'ordre que tu lui transmettras te conduira toi seul, Jérome et Cezaire avec notre prisonnière dans une cave où vous descendrez. Là il vous désignera une issue secrète par où vous passerez sans aucun balancement ce pas franchi, vous tarderez peu à voir paraître un autre personnage, mieux vêtu, à plus haute mine, et qui en répétant le même mot d'ordre exigera la remise de celle que je confie à votre prudence, vous ne la lui refuserez pas, et soudain, et surtout sans aucune réflexion importune, vous tournerez le dos et me reviendrez en bons et fidèles bandits. Quant à moi, pour surprendre le promeneur de cloche nocturne et dévoiler le jeu qu'il joue dans cette contrée, je vais rester avec un groupe de mes fidèles, afin d'examiner attentivement ce qui se passe, s'il y a parmi nous des traîtres, et en faire solide et prompte exécution.

L'habitude, l'obéissance ne permit pas à Richard de riposter, il exécuta soudainement la volonté impérieuse du chef, et il s'éloigna avec la presque unanimité de la troupe.

IX

L'Eglise, les Brigands, le Spectre.

> Est-ce des morts qui sortent du tombeau, ou des vivans qui prennent leur place?

— Je crois, capitaine, sauf meilleur avis, que vu l'horrible temps nous ne ferions pas mal de jeter à bas cette porte, afin d'aller chercher un abri plus commode dans la chapelle voisine du Charnier; d'ailleurs nous verrions dans ce lieu le monument admirable de la défunte comtesse de Beauvoir.

— Et d'où diable sais-tu, Sans-Quartier, ces belles choses ; ta mère t'aurait-elle mis au monde dans ce maudit pays? réplique Poulpiquet.

— Il est bien certain, capitaine, que j'ai reçu dans cette église les eaux du Saint Baptême et que pour m'engager dans ta troupe j'ai attendu que le curé de la Bastide m'eut fait faire ma première communion ; car j'ai bien présumé que tes aumôniers ne s'en occuperaient guère.

— Et par la tête de mon père, s'écria le suprême brigand, s'ils ne s'en tourmentent point ils ont tort, nous sommes tous catholiques, croyant aux mystères. Nul de nous n'est Albigeois, et si j'en connaissais un dans mes bandes qui fut infecté du venin de l'hérésie, je ne balancerais pas à le livrer aux inquisiteurs de Tolose et de Carcassonne,

La conversation continua sur ce point édifiant; mais il ne fut pas donné à Izalguier de l'entendre, car dès la proposition émise d'enfoncer la porte du cimetière, Paschal qui n'en avait pas perdu un mot s'était empressé de saisir de nouveau la main de son capitaine et de le contraindre à s'éloigner avec lui, profitant, pour n'être pas entendus, du retentissement prolongé d'un effroyable coup de tonnerre.

Ainsi donc, pour éviter les voleurs, Paschal ne redoutait plus d'affronter les sinistres et souterrains habitans du cimetière. Son maître qui comprenait le péril de sa position ne balança pas à le suivre, et tous les deux se baissant jusques presque au sol, afin qu'on ne les aperçut point par dessus les murailles basses de ce triste enclos, se rapprochèrent du charnier.

C'était une voûte prolongée, basse et toute ouverte du plancher à la cîme par le côté le plus apparent. Tous les côtés intérieurs étaient garnis d'os de morts, d'effroyables têtes, de mâchoires séparées, qui sans trop de régularité s'élevaient en pyramides à la hauteur de la naissance des voûtes. Cependant à chaque pilier et dans chacune des triples niches dont ils étaient ornés, un squelette complet, entièrement dépouillé de ses chairs, de sa peau, de sa chevelure et même de son suaire fétide se montrait debout, immobile, silencieux, épouvantable; il avançait les deux bras, et dans chaque main était une bobèche, que sans doute l'on garnissait de bougies dans les fêtes et occasions solennelles. Celle de cette nuit devait donc être importante, car cet appareil était déjà disposé; mais on n'avait pas encore allumé les cierges bénis.

Ce fut bien alors que les dents de Paschal se choquèrent avec une vitesse incroyable; une sueur froide coula de son corps; il se rapprocha de son maître, lorsque tout-à-coup, pour achever de l'anéantir, on entendit du côté de la chapelle le son de la cloche fatale; et en même temps une manière de fantôme, vêtu d'une longue robe noire, traversée dans sa hauteur jusqu'en bas, devant et derrière par une double croix rouge, chargée de têtes de morts d'argent, entra dans le charnier par une porte intérieure de l'église, et, au moyen d'une mèche souffrée, alluma rapidement les cierges confiés aux squelettes, puis disparut avec la même promptitude aux regards étonnés des deux spectateurs.

Le brillant des lumières permit alors de voir la lugubre décoration de ce dernier asile de la mort, c'était un étrange goût, car il y avait là des guirlandes, des couronnes, des festons, des draperies uniquement formées par des dents, des osselets, des vertèbres, puis des tas de carcasses, de tibias, de crânes, de mâchoires qui formaient des dessins capricieux et bizarres; une odeur nauséabonde affadissait le cœur et troublait l'âme.

— Oh mon Dieu! mon Dieu! dit l'écuyer avec un accent de terreur sans égale, vous allez me voir tomber expirant à vos pieds, si vous vous obstinez, monseigneur, à rester dans ce lieu épouvantable; vous voyez bien que les démons et les trépassés vont venir commencer ici leur sabbat. Voici la salle de bal qu'on leur a préparée, laissez-leur la place libre, et que les brigands qui déjà travaillent à renverser la porte se rencontrent face à face avec eux.

Paschal ne se trompait pas en cette dernière assertion; le chevalier en prêtant une oreille attentive reconnut positivement que l'on cherchait à briser les ais qui fermaient la porte du cimetière. Se sentant trop faible pour lutter avec avantage contre ces vils scélérats, et ne voulant pas, d'une autre part, enlever à la comtesse la main du seul défenseur qui eut quelque chance de la sauver, il se consulta pour savoir ce qu'il aurait à faire.

Tenterait-il, en atteignant la muraille opposée, de la franchir, au hasard de rencontrer les patrouilles des brigands qui parcouraient la campagne? Chercherait-il à pénétrer dans l'église qui s'élevait tout auprès, à s'y barricader doublement, en formant du clocher sa seconde forteresse; et là, en mettant en branle à l'aide de son écuyer les cloches de la paroisse, donnerait-il l'éveil, par le son du tocsin, au village et au reste de la contrée? Enfin chercherait-il un asile voisin obscur et propice dans lequel à eux deux et sans péril ils attendraient le jour.

Ce dernier parti était peut-être le plus convenable, parce qu'en évitant un éclat, il n'appellerait pas sur lui la curiosité de ses parens qui seraient en droit de s'informer des motifs de sa sortie nocturne. Déterminé donc à ne rien faire de ce qui le placerait dans une position difficile, en conséquence, il dit rapidement à Paschal, tellement éperdu, qu'il était incapable de se conduire soi-même, qu'il eut à le suivre et qu'il lui répondait de tout.

En même temps tous les deux se dirigèrent vers l'église, mais dans l'obscurité se trompant de chemin, au lieu de suivre le sentier qui conduisait au lieu saint, ils en prirent un dont le terme rapproché se trouva être la chapelle, où depuis plusieurs siècles on ensevelissait les membres de cette branche de l'antique maison d'Izalguier.

C'était un noble édifice construit avec cette magnificence et ce goût exquis qui a présidé à tous nos monumens religieux dès le onzième siècle. Jamais le style dit gothique ne montra tant d'élégance, de légèreté, de délicatesse; ceux des habitans de Toulouse qui se rappellent encore cette admirable chapelle de Rieux, démolie non pendant le règne de la république, mais sous l'administration barbare et vandale de l'excellent maire baron de Bellegarde (1).

(1) Ce magistrat honorable, probe, dont les mains étaient nettes, a frappé son administration de divers actes funestes à sa cité natale, il fit démolir l'église de Rieux, le fameux caveau des cordeliers où les morts se conservent; il dépouilla la ville de Toulouse du célèbre manuscrit des évangiles de Charlemagne,

Ceux-là pourront se faire une idée exacte de ce qu'était en 1323 la chapelle sépulcrale des seigneurs de la Bastide de Beauvoir.

Ce charmant édifice n'existe plus, il fallait le voir avec ses voutes élancées, ses faisceaux de colonnetes grêles, et puis cette forêt d'arètes aux retombées bizarres, tantôt formant une couronne, tantôt un champignon ouvragé, quelquefois une cloche renversée; et ces fenêtres et ces croisées hautes, étroites, ornées de pierres taillées en œuvres d'orfévrerie, et ces roses si compliquées, si dentellesques, à la manière du plus beau point d'Angleterre, reflétant aux dernières

donné par cet empereur à l'Abbaye de Saint-Sornin pour en faire hommage à Napoléon. Ce livre précieux est maintenant dans la bibliothèque des Tuileries, enfin il fit démolir la salle curieuse du grand consistoire dans le capitole toulousain (hôtel de ville). Nommé maire le 17 août 1806 jusqu'en 1811; il fut réélu le 3 mars 1818 jusque en 18.. ce magistrat est mort en 1837.

clartés du soleil un amas de pierreries, d'émeraudes, de saphirs, de rubis, de topases, d'améthistes vivantes.

Trois nefs divisaient ce gentil édifice, à celles des côtés se rattachaient douze chapelles, six à dextre, six à senestre; dans chacune deux tombeaux accompagnaient l'autel, chacun construit dans un goût divers; tantôt c'étaient des chevaliers couchés sur leur sépulcre avec ou sans épée, selon qu'ils étaient vainqueurs ou prisonniers; d'autres, agenouillés, armés de toutes pièces, ayant près d'eux leur noble femme; tous ensemble devant des prie-dieu ou en présence d'anges qui leur présentaient soit la bible, soit leur blason, soit leur casque avec ses volets lambrequins et cimiers. Ici une statue debout et fière descendait sans crainte dans le cercueil entr'ouvert; là, un cadavre entièrement nu, se montrait déjà rongé à demi par les vers insatiables, à qui Dieu a confié la destruction complète de sa propre image.

On apercevait çà et là des colonnes tronquées, supportant une urne ou une petite statue; des pyramides, par souvenir des croisades et de l'Égypte; des pierres plates avec la figure du décédé entaillées ou chargées d'une inscription rarement véridique; des blasons fastueux, des bustes, des médaillons, des guirlandes de fleurs, des trophées, des cuirasses transpercées, des glaives rompus, des cimeterres, des queues de cheval renversées, de riches dépouilles asiatiques comme témoignage des exploits de ces grands défunts contre les Sarrazins; enfin, aux voûtes, aux vitraux coloriés et resplendissans et presque sur les autels, ornés de riches architectures, de dorures étincelantes, de tableaux de prix, de chandeliers, de croix, de vases d'or et d'argent, étaient appendues les bannières si souvent triomphantes, flottaient les guidons, les étendarts, les drapeaux armoriés soit du mort, en signe de gloire, soit des hauts barons et des villes domptées en signe de honte éternelle.

Une peinture d'azur chargée d'étoiles d'or ou de caissons enrichis de représentations pieuses, achevait de couvrir le plafond et les lambris. On avait construit en marbre blanc les murailles, et les colonnes, pilastres et ornemens quelconques étaient en marbre noir ; le parquet présentait un échiquier noir et blanc. Çà et là, et de manière à frapper les yeux, afin d'imposer une terreur salutaire à l'âme, on avait sculpté ou gravé, ou représenté en mosaïque, en bronze, et autres métaux précieux ; des serpens qui, courbés en rond, se mordaient la queue image de l'éternité, des sabliers aîlés, emblêmes de la rapidité du temps; des os en sautoir, des têtes de mort, volantes sur des aîles de chauve-souris; des squelettes gigantesques, ou en diverses postures, singulièrement coiffés de thiares, de couronnes de tout rang; de casques, de bonnets de savans, de chapeaux ecclésiastiques, de coiffes féminines, de chaperons fourrés et même d'oreilles d'ânes, et de toques garnies de grelots, en image de la folie si commune aux hommes.

Certes, ce lieu sacré, bien que d'une étendue médiocre, parlait puissamment à l'âme et inspirait la mélancolie et le recueillement. Lui aussi, par une précaution extraordinaire et qu'on pouvait croire surnaturelle, venait d'être illuminé spontanément; une odeur suave d'encens contrastait d'une étrange manière par son parfum, avec la puanteur pestilentielle du charnier que les deux aventuriers venaient naguère de traverser.

Paschal, à la vue de cette église sépulcrale si magnifique, mais si lugubrement décorée, ne se sentit pas rassuré; il ne comprenait pas pourquoi à leur approche un pouvoir occulte illuminait soudainement des lieux dont l'ombre leur eut été plus avantageuse; dans l'occurrence voulait-on mieux les désigner à la malice de leurs ennemis.

Izalguier se retrouvant dans ce sanctuaire de la mort et en présence de ses aïeux illustres, ne fut pas effrayé, sans doute; mais malgré lui il se livra à une tristesse pénible, rarement il était venu visiter ce lieu depuis l'époque fatale, où dans la première enfance il y avait accompagné les restes inanimés de sa mère, sans se douter alors de la perte que plus tard il avait si vivement ressentie; cette fois où il y paraissait en péril évident de sa personne, avec son propre intérêt à défendre, il advenait que tout ce qu'il voyait lui inspirait une curiosité plus forte.

Cependant, et sans trop s'allarmer du cri féroce que les bandits poussèrent, lorsque la porte du champ des trépassés retentit en tombant sur la pierre, tandis que ce bruit de sinistre augure transperça le cœur de son écuyer; Izalguier après avoir contemplé d'un prompt regard la somptuosité de cette enceinte, ou mieux qu'en tout autre lieu éclatait la grandeur de sa famille. Izalguier, dis-je, se demanda en quelle partie du saint édifice devait se trouver le tombeau de sa mère, qui, par un sentiment d'humilité bizarre, était construit de manière à ce qu'une moitié du mausolée se trouvât dans l'intérieur de l'église et l'autre au-dehors.

Sa mémoire agitée par ce qui se passait autour de lui, par ce qui troublait son âme, ne satisfît pas tout de suite la question; en attendre la solution de Paschal l'effaré, uniquement préoccupé de l'approche des brigands qui, d'une course hâtée traversaient le préau, était folie; il dût donc ne compter que sur lui; et en effet, il se rappela que cette place privilégiée pour sa douleur, devait être dans la nef inférieure qui tournait derrière le rond-point du sanctuaire.

Dès lors et prenant à son tour par le bras, Paschal, à tel point épouvanté, que ses genoux, flageolant sous lui le soutenaient à peine, il se dirigea promptement vers cette portion du lieu saint; à mesure qu'il en approchait, combien son étonnement s'accroissait; cet endroit, au lieu d'être illuminé comme le reste de l'église, semblait avoir été laissé par dédain, oubli ou calcul dans une obscurité profonde; ni lampe, ni bras, ni candélabre, ni cierge brûlant en face d'une représentation de la très sainte dame, mère du sire notre Seigneur et Dieu, Jésus-Christ.

Là, en contraste parfait, dis-je, régnait des ténèbres profondes, d'autant plus complètes, que les autres portions de l'édifice, étaient réellement flamboyantes; aussi l'écuyer toujours timide, toujours craintif, soupçonnant perpétuellement des embûches nouvelles, à la présence de cette obscurité lugubre, non moins que menaçante, se recula avec un surcroît de frayeur.

« — Eh! sire, mon bon seigneur, dit-il d'une voix étouffée, où me conduisez-vous? quel aveuglement vous ôte la connaissance du péril? c'est là que le danger nous est réservé; là que l'ennemi nous attend, pour nous porter des coups sûrs et que nous ne pourrons parer.

Mais comme il disait ces mots, voici que de hauts cris retentirent derrière eux; les brigands, à leur exemple, avaient aperçu la porte de l'église mortuaire, et ils y accouraient avec empressement.

« — C'est là, disaient-ils que nous le trouverons; là que nous pourrons l'affronter.

Oh ! certes, ces paroles significatives s'adressaient positivement au sire Gallois, et par contre-coup retomberaient sur son malencontreux écuyer; mais si ces voix redoutables troublaient outre mesure l'esprit faible de maître Bonnet; une exaltation pieuse occupait trop le sire Izalguier, pour lui laisser le loisir de s'en tourmenter.

Voilà qu'au milieu de la nuit, d'autant plus

épaisse, de cette portion de la maison de Dieu, qu'elle s'augmentait de son contraste avec la splendeur éblouissante du reste de l'édifice; voilà, dis-je, qu'à ras de terre une lueur douteuse se laissait apercevoir, d'où provenait-elle? son ensemble ne laissait pas croire qu'elle appartenait à une lanterne oubliée sur le pavé, ni à un reflet égaré; non, elle s'élevait distinctement du sein de la terre, et certes il y avait là une ouverture; était-elle la bouche béante, d'un caveau sépulcral ou une défectuosité du parquet?

Izalguier, pour s'en convaincre, s'en approcha rapidement en prenant néanmoins les précautions que lui faisait pressentir la présence des ténèbres; mais de quel sentiment superstitieux ne fut-il pas frappé, dès que son esprit ferme au milieu de tant de motifs d'agitation, lui laissa connaître que cette clarté provenait de la salle souterraine, où sur des carreaux de marbre reposaient les cercueils de ses deux aïeuls, de leurs femmes et de sa tendre mère.

Oh ! alors, et sans plus songer aux brigands qui paraissaient le poursuivre, et tout entier dominé par un entraînement religieux et irrésistible, il céda à la fantaisie pieuse d'aller prier en quelque sorte sur les ossemens glacés de celle qui lui avait donné l'existence. Ce projet conçu, l'exécution suivit ; et sans se tourmenter si Paschal le suivait ou non , il jeta un regard interrogateur dans cette ouverture pour savoir comme il y descendrait, bien déterminé à s'y précipiter, au péril de sa vie ; mais lorsqu'il se fut approché jusqu'au bord, il vit un escalier qui facilitait la descente, et au bas sur la dernière marche était posée une lampe d'airain , à trois becs allumés, dont les sinistres flammèches produisaient la lueur qui l'avait attiré vers ce côté.

Ne songeant donc pas à son compagnon, il franchit rapidement les vingt degrés qui le séparaient du sol inférieur. Là, parvenu, il saisit de la main droite la lampe propice, tandis qu'il passait à la gauche son bâton noueux, et d'un pas ferme, quoique vivement ému, il se dirigea vers la partie reculée du caveau où sous un dais de velours noir chargé de larmes d'argent, d'autres symboles du trépas et des écussons unis des nobles familles d'Izalguier et de Thesan qui, pour la première étaient de gueules à la fleur d'Izalgue d'argent, un pied arrondi en croissant; et pour la seconde écartelée d'or et de gueules, à la cottice d'ajus brochant sur le tout; il chercha, dis-je, le triste cercueil de sa bonne mère.

Tout en ce lieu devait augmenter sa surprise comme accroître son émotion. La bierre de plomb, recouverte du poële funèbre, gisait tout auprès; violemment traînée, ouverte et rompue. L'intérieur était vide, et avec une amertume inexprimable, il vit une grosse pièce de bois dépouillée du linceul dont on l'avait enveloppée à moitié, recouverte par ce poële sacré déchiré en plusieurs morceaux.

Dire ou peindre la fureur pieuse qui s'éleva au témoignage muet de ce sacrilège épouvantable, exprimer toutes les conjectures, les pensées, les accusations qui, avec la vélocité de l'éclair, remplirent et tour à tour accablèrent son âme, me serait impossible, hors d'état de se rendre compte de ce qu'il éprouvait, il porta autour de lui un regard effaré comme pour reconnaître sur quelles autres tombes la dévastation se serait étendue, et quand il se fut persuadé que celle seule de la première comtesse Izalguier avait été indignement profanée, il en ressentit un tel accès de rage, que malgré la sainteté du lieu un blasphème répréhensible lui échappa, et l'insensé osa, dans son délire filial, s'en prendre à la Providence divine.

Mais en même temps et trop bon chrétien pour ne pas être épouvanté du crime qu'il venait de commettre, ses yeux de nouveau recommencèrent à errer à l'entour, afin de trouver par d'autres outrages aux restes précieux de ses devanciers une excuse de sa parole impie, en abaissant en même temps la lampe qu'il tenait, afin de mieux éclairer le sol; il aperçut distinctement, à la place exacte d'où le cercueil maternel avait été arraché, une autre ouverture plus étroite, plus profonde, dans laquelle on pouvait s'enfoncer au moyen d'un étroit escalier à vis.

Ceci lui parut être lié avec le mystère du sacrilège; loin de s'effrayer d'une exploration dans les entrailles de la terre, il ne ressentit qu'un seul desir, celui de la vengeance; et pour l'atteindre il fallait ne pas balancer à parcourir soudainement ces régions inconnues; en conséquence, il se mit à descendre cet escalier mystérieux, en oubliant de rappeler son écuyer.

Celui-ci qui, d'abord, avait vu son maître pénétrer dans le premier souterrain, ne se serait certes pas déterminé à le suivre, si dans les bas côtés de l'église supérieure, il n'eut entendu derrière et assez près de lui le bruit des pas pesans des bandits attachés à leur poursuite; en conséquence et pour se soustraire à un danger évident, lui aussi sauta dans le souterrain, bien qu'il s'attendit à y rencontrer plus d'un fantôme.

Mais de quelle horreur sans pareille ne fut-il point saisi, lorsqu'il vit le sire Izalguier, peu content de cette première exploration, oser aller au-delà, et, au travers des cercueils et de tout l'appareil de la mort, s'enfoncer dans le dernier lieu où cette aveugle et sourde déesse avait établi son trône de fer sur un lac de sang.

Quelles terreurs, quelles angoisses cruelles, inexprimables, ne vinrent pas glacer ses sens atteints par toutes celles que l'homme peut concevoir et supporter; il s'arrêta à la gueule béante du ténébreux abîme, dans la profondeur de laquelle il voyait déjà disparaître l'unique lumière qui put l'y guider.

L'obscurité qui l'environnait, les émanations fétides de la tombe le tracassaient moins que le dernier acte de courage que la fortune semblait exiger de lui un instant : il se demanda s'il ne vaudrait pas mieux attendre les brigands et se livrer à bonne composition ; mais se rappelant leur férocité naturelle, et comment il leur serait facile, vu la disposition des lieux, de dérober à la justice la connaissance de ce dernier crime; il eut encore plus peur de les attendre que de les éviter; l'instinct de sa conservation l'entraîna d'autant plus vivement qu'il les ouït parler à l'ouverture supérieure du caveau, s'inviter à y descendre pour y trouver ceux qu'ils cherchaient. Oh! à ces paroles terribles, pour lui arrêt de mort, il ne balança plus, il se précipita dans la vis à pli de corps, où déjà était disparu son maître; mais que ne ressentit-il pas encore de noire terreur et de désespoir, lorsqu'en levant les yeux comme pour voir la terre supérieure qu'il délaissait, il vit la figure mystérieuse et sinistre qui, naguère, avait illuminé le charnier, se dessiner, grandir au-dessus de l'ouverture du second souterrain, sourire avec la gaîté infernale des démons, et en même temps jeter sur elle une pierre énorme qui la recouvrit entièrement, et qui devait retenir jusqu'au trépas dans ces voûtes profondes, froides et ignorées, les insensés qui avaient sottement donné dans le piège tendu à leur irréflexion.

X

Encore le Spectre.

La superstition est bonne à quelque chose. On doit à la philosophie la révolution : choisissez.

Lorsque les bandits et leur capitaine, réfugiés contre la porte du cimetière, s'étaient déterminés à renverser celle-ci, ils n'avaient pas eu l'intention de s'emparer des deux imprudens qui étaient venus, eux aussi, chercher au même lieu un asile, seulement du côté opposé au leur. Leur seul but était de se procurer un asile plus vaste et où il fut possible d'attendre le retour de leurs compagnons, sans être inutilement exposés aux intempéries de l'air.

Mais au moment où leur attaque dirigée contre cette porte allait l'abattre à leurs pieds, un messager survenu du château, ayant demandé d'entretenir à part Poulpiquet, lui avait enjoint, de la part de la personne qui à cette même heure consentait à lui épargner l'embarras d'une prisonnière importante; de ne rien négliger pour saisir le vicomte Gallois Izalguier avec son fidèle Paschal, on prévenait le voleur que ce jeune seigneur, pour une cause inconnue, battait en cet instant la campagne aux environs du château, que peut-être se plaçant dans quelque embuscade, parviendrait-il à éclaircir un mystère que l'on avait tant d'intérêt à cacher aux regards.

Tandis que Poulpiquet causait encore avec cet envoyé, un des hommes de la bande du superstitieux, mais féroce, Sans-Quartier, monté sur un haut cheval de bataille, et à l'aide de sa taille gigantesque qui lui donnait l'apparence d'une statue équestre, lorsque de loin on le contemplait dans son immobilité, aperçut grâce à ses yeux d'aigle ou plutôt de chat, par-dessus la paroi ou muraille de terre du *Champ de repos*, comme on dit aujourd'hui, deux créatures humaines, qui courbées et parties à peu près du lieu où les complices étaient rassemblés, tâchaient de gagner le Charnier, l'église ou la chapelle.

Ainsi tandis que le capitaine était prévenu de ce qu'il avait à faire, son subordonné lui indiqua presque certainement où il rencontrerait les individus dont il devait s'emparer; en conséquence, on redoubla d'énergie, la vieille porte attaquée avec tant de vigueur succomba, et au lieu de songer tranquillement à se mettre à l'abri de la tempête, on se hâta de donner la chasse aux deux nouvelles victimes, sur lesquelles on voulait presser de tout le poids d'une lâche et odieuse tyrannie.

Afin de les saisir plutôt, la petite troupe des voleurs, car ils n'étaient pas plus à cette masse de douze à quinze, se divisèrent en trois pelotons; l'un se dirigea vers le Charnier que l'on trouva vide; l'autre vers l'église paroissiale dans laquelle on ne put pénétrer car elle était fermée avec soin et si bien barricadée avec des portes tellement épaisses, que le reste de la nuit et les plus grands efforts n'auraient pas suffi à emporter cet obstacle.

Mais si sur ce point la violation sacrilège de la maison de Dieu ne put être effectuée, il n'en fut pas de même sur celui de l'église sépulcrale des hauts barons : Izalguier dans celle-ci, aucun obstacle ne retarda l'invasion des brigands, et comme ils y entraient, ils aperçurent le vicomte et son écuyer disparaître dans les ténèbres derrière le maître autel.

Ignorant les localités et n'ayant pas avec eux, pour les leur expliquer, Sans Quartier, demeuré à la garde des chevaux, faute que l'expérience du chef ne devait pas lui laisser commettre, ils perdirent un peu de temps, ce qui fournit aux deux amis celui de descendre tranquillement dans le premier caveau, d'en examiner le contenu et enfin de s'enfoncer plus avant dans les entrailles de la terre.

Nos deux aventuriers ayant été perdus

de vue, avant leur première descente, les bandits acharnés à leur poursuite et qu'aucune lumière n'éclairait durent attendre pour explorer les derrières du chœur, que l'un d'entr'eux eut été ravir à un autel un des cierges qui concourait à l'illumination générale. Alors l'ouverture du caveau devint visible, mais nul ne put certifier qu'il servait momentanément de retraite à ceux que l'on poursuivait; cependant on se détermina à y descendre afin de n'avoir rien à se reprocher. Mais lorsque tous les degrés de l'escalier furent couverts de voleurs, car les divers délais avaient donné aux deux autres détachemens le loisir de rejoindre celui que le hasard conduisait sur la bonne voie; dans ce moment, dis-je, une lueur blafarde qui pointa d'abord, qui se développant au point de redevenir étincelante en passant par les nuances du rouge au violet, de celui-ci au vert, qui tira sur le bleu, qui se perdit dans l'orange, et cette dernière couleur s'adoucissant par degré devint enfin resplendissante de blancheur et de pureté.

Au milieu de cette gloire, et environnée de flammes plus vives et tirant sur le pourpre, une apparition se montra; c'était un homme qui paraissait avoir dix pieds de hauteur, une robe noire, qui du cou atteignait la terre où on la voyait traîner, une croix rouge, large, et des deux côtés se dessinant également tandis quelle était surchargée de larmes, d'os en sautoirs, de têtes de mort en argent, une coiffure bizarre, une chevelure épaisse, fournie, blanche, de même que l'immense barbe. Toutes ces choses et de plus un visage pâle et sévère, constituait un fantôme si épouvantable, il agitait avec tant de vivacité une épée qu'on aurait cru forgée du feu solide de l'enfer; à en juger par son éclat, les ondulations et les sombres éclairs qui parfois s'en élançaient, que l'effroi le plus entier, enfant de la supertition de cette époque enleva au plus brave de la bande son courage et son audace. Tous demeurèrent comme médusés sur les marches dudit escalier sans oser faire un pas en avant, se contentant d'attacher un regard étonné sur cet être extraordinaire, oubliant de s'armer du glaive que chacun d'eux portait avec soin.

Cet être menaçant et supérieur sans doute, demeurait immobile, à part le mouvement qu'il imprimait à son épée, enfin sa bouche s'ouvrit et, une voix tonnante prononça ces paroles menaçantes.

— Hors d'ici, sacrilèges! malheur à qui trouble la sainteté de la maison de Dieu et l'inviolabilité de la demeure des morts.

A ces derniers mots, une violente détonation de la foudre se fit entendre, un éclair éblouissant enveloppa le fantôme, et lorsque les brigands rouvrirent leurs yeux, que tant de splendeur lumineuse avait fait fermer, l'apparition avait cessé d'être visible et une obscurité profonde, souillée par une dangereuse odeur de souffre infernal, restèrent seules en témoignage du spectacle étrange qui venait d'avoir lieu.

Au reste, et dès que la vision se fut évanouie, soit dans la terre, soit dans la muraille, soit en gagnant les régions supérieures, les quinze bandits, frappés d'une consternation muette, d'une puissante horreur religieuse, qui ne put, certes, leur inspirer l'idée de lutter avec un messager véritablement envoyé par le ciel, les brigands, dis-je, sans plus songer à descendre et à continuer leurs recherches, remontèrent en tumulte et rapidement l'escalier, traversèrent non moins vite l'église supérieure, tandis qu'ils se frappaient la poitrine, et parvenus au préau des cadavres ils tardèrent peu à l'évacuer aussi et à regagner la grande route; car ils virent encore clairement plusieurs squelettes du charnier terrible, sauter au bas de leurs niches, comme s'ils eussent voulu les atteindre en courant après eux; en même temps la cloche funèbre et de si mauvais augure tinta au milieu du cimetière, comme si des sons fussent partis des des tombes entr'ouvertes çà et là.

Les prodiges de cette nuit fameuse, fournirent pendant plusieurs siècles, ample matière aux causeries d'hiver; soit chez le baron, soit dans la chaumière du manant ou dans la maison du vilain. Il passa pour constant, qu'à peine les bandits avaient-ils mis les pieds dans l'église des morts, que l'Archange Michel, avec les saints anges, en avaient occupé le sanctuaire, les chapelles latérales, le chœur et la grande nef; en même temps, toutes les tombes s'étaient ouvertes; il en étaient sortis les hauts barons, qui y reposaient, tous armés de pied en cap et en attitude menaçante ; enfin, il n'était pas un trépassé, enseveli dans le cimetière, ou dont les ossemens reposassent dans le charnier, noble d'ailleurs ou plébéïen, qui fût demeuré couché nonchalamment dans la fosse humide; tous au contraire, avaient prêté la main pour repousser, en bons voisins qu'ils étaient des sires Izalguier, l'incursion sacrilège, et de plus impie, des abominables larrons.

Comment douter de ce miracle, lorsque pendant plusieurs années les curés du voisinage s'en servirent, en manière de stimulant, pour redoubler la ferveur des paroissiens; lorsqu'un tableau peint par un artiste italien servit d'attestation à la véracité de l'aventure.

Quoiqu'il en soit, la présence seule du fantôme que j'ai dépeint, suffit à précipiter bien loin la fuite rapide des brigands; ceux-ci ne s'arrêtèrent qu'après avoir traversé et dépassé le cimetière, et à la vue du gros noyau de la bande qui, la remise de la prisonnière effectuée à d'indignes gardiens, s'en retournait au lieu du rendez-vous convenu. Là on se retrouva avec joie, là on s'empressa réciproquement de raconter ce qui s'était passé, et si Poulpiquet fut charmé d'apprendre que sa victime était bien retenue; son lieutenant prit sa part de la terreur qui consternait les privilégiés du chef.

Il y avait à cette époque, et existant de temps immémorial, une forêt immense, dite de Baziège, parce que cette ville, alors plus importante que de nos jours, était édifiée au centre de la ramée gigantesque; celle-ci enseignait les paroisses de Montgiscard, de Deymes, d'Aigue-Vives, de Gardouch, elle longeait Villefranche, allait presque aux portes de Saint-Félix, touchait celles de Mauremont, et atteignant celles de Quint, de Tarabel, d'Odars, d'Auzielle, de Fourquevaux, environnait en entier le domaine de La Bastide de Beauvoir.

Que les temps ont changés! maintenant, des champs en pleines cultures, des métairies éloignées et dispersées paisiblement dans les solitudes de la campagne, des maisons de plaisance sans remparts inutiles, des grands chemins, le fécond canal du Midi, remplacent ces chênes, ces ormes séculaires et même ces nombreux et riches oliviers, que le fanatisme des Croisés arracha avec tant de mâle rage dans cette contrée riante et fertile, que depuis ils n'y ont plus repoussés, et qu'aujourd'hui la température de l'atmosphère refroidie ne leur permettrait plus de rendre leur liqueur d'or en retour des soins d'une habile culture.

Cette forêt, dont celle de Cailhavel, de Nailloux, de Balma, de Rebique, de Bococonne, de Villarzel et quelques autres étaient des appendices peu considérables comparativement, renfermait dans son sein de nombreux malfaiteurs, des brigands organisés, des bandes hostiles de mauvais hommes, de femmes perverses, en recherche de commerce avec les démons.

Des bûcherons, des charbonniers, plusieurs solitaires sous la robe d'ermite, divers hameaux plus ou moins ombragés animaient complètement l'étendue de cet asile : on y voyait encore des oiseaux de passage, ou de la saison, domiciliés dans les eaux et étangs du pays, dans les semis, les taillis, abondans en gibier à poil et à plume, en bêtes fauves et cruellement farouches. Qui n'avait entendu parler du fameux loup-garou? car pouvait-il ne pas appartenir à l'enfer, ce monstre qui, réfugié dans le plus épais du bois, ne pût être vaincu que par une humble bergère. Voici la chronique de ce terrible événement.

XII

Une famille de loups-garous.

Un cœur pieux est bien puissant.

Dans la paroisse de Sainte-Colombe, voisine de Baziège, et située entre cette ville et le village de Fourquevaux, vivait vers l'an de grâce 1283, sous le règne du gentil roi de France Philippe III, dit le

Hardi, fils heureux d'un très grand saint, monseigneur Saint-Louis ou Lovis, une famille universellement haïe. Depuis la première apparition des méchans hérétiques albigeois on prétendait qu'elle partageait leurs erreurs; il est assuré que nul d'entre ses membres ne se présentait aux églises les jours de bonne fête; lorsque les fidèles pieux criaient : *Pâques* et *Noël* en signe de vénération et d'absolu contentement.

Chaque fois que les Guittard de Roullens, comme on les appelait de temps immémorial dans le lieu, sans savoir pourquoi ce nom d'un hameau du Bas-Languedoc était uni au leur; chaque fois, dis-je, que l'un d'entr'eux avait envie de se marier, il quittait Sainte-Colombe, son absence durait un an et plus; alors il reparaissait amenant une femme fringante, paresseuse, débauchée, ayant le travail en détestation.

On les voyait marquées tour-à-tour de la blancheur de lait des Anglaises, de l'embonpoint des Hollandaises, des beaux cheveux blonds des Allemandes, de la taille cambrée et gracieuse des Espagnoles, des belles épaules romaines, des yeux étincelans des filles grecques, ou de la peau brune et douce des Zingari ou Bohémiens; jamais aucune alliance française ou rapprochée ne rattachait ces hommes mystérieux à leurs concitoyens.

Aussi, je le répète, les Guittards de Roullens semblaient une superfétation du sol, une plante exotique transportée par caprice, et qui, conservant sa vigueur apparente, perdait le parfum suave, cachet certain de son pays natal. Des bruits funestes se répandaient sur leur compte; trois fois par an la veille du saint jour de la Nativité et celle de la résurrection, celle encore de la Pentecôte et de la nuit des morts, tous les Guittard ayant atteint l'âge de grâce, devenaient loup-garou, et travaillait sous cette peau hideuse à l'œuvre de Lucifer.

Ce n'était pas tout, chaque nuit allant du vendredi au moment où la onzième heure sonnait, le chef de ladite famille et son plus jeune rejeton, ayant néanmoins, ce dernier, atteint son adolescence devenaient encore loup-garou, et en conséquence revêtus du signe de la bête, couraient les champs, mordant, dévorant à tort et à travers les bestiaux et les individus, n'importe le sexe, que leurs affaires, plaisirs, nonchalance ou coup de malheur, attardaient dans les champs.

Il est de fait, que plus particulièrement à ces époques remarquées, on rencontrait des cadavres à demi rongés, des animaux mis en pièces; ce qui répandait aux alentours une indicible terreur. On évitait la présence des Guittard, on fuyait même leur maison, ou si par aventure, la nécessité d'y aller commandait impérieusement, on sé surchargeait de saintes reliques, d'agnus ou de morceaux de la vraie croix, d'eau bénite ou de buis bénit; néanmoins, malgré ces moyens victorieux, il disparaissait de temps en temps, un couple de jeunes garçon et fille, de femmes mariées, encore agréables qui, à entendre les impies, avaient suivi des soldats, des bandoliers et autres mauvais fils. Un homme débauché était-il perdu, tout-à-coup on savait qui en avait fait un bon repas.

Au milieu de cette vindicte générale, les Guittard se défendaient; à les entendre, tout ce monde se serait enfui naturellement. Grâce à Dieu, on ne manquait pas d'instruction, on savait où s'étendait la puissance des mauvais esprits et celle de leurs complices certains; les Guittard seraient morts de faim et de misère, si leurs champs n'avaient pas toujours été les mieux cultivés, leurs jardins entretenus avec une habileté peu commune. La bénédiction infernale s'étendait sur leurs troupeaux, et l'aspect admirable de leurs bœufs, moutons, chevaux, taureaux, poules, pigeons, que sais-je? saisissait de mâle jalousie leurs voisines et leurs voisins.

Mais combien on était chagrin de les voir si heureux, lorsque surtout les jeunes Guittard se montraient remarquables par la vigueur élégante de leur taille, le charme de leur physionomie étincelante de vivacité, d'esprit et de fraîcheur. Par une singularité de la nature, les femmes de ces manans du Tolosain ne mettaient jamais au jour, ne donnaient pas naissance à des personnes de leur sexe; la venue d'aucune fille n'avait réjoui la mélancolie des Guittards, des hommes succédaient à d'autres hommes, tous beaux, gracieux, forts, sveltes, sans doute, et pourtant certains pères auraient payé cher parmi eux la satisfaction d'embrasser dans son berceau une jolie et naïve fille.

Vers l'époque précitée 1283, le chef de la famille Guittard, marié, à ce que l'on croyait, à une Zingare, accablait de mauvais traitemens cette épouse étrangère, parce que depuis douze ans révolus de leur mariage, elle n'avait su mettre au monde que des garçons; à chaque nouvelle couche son humeur atrabilaire augmentait, ses menaces croissaient aussi dans une progression effrayante; aussi, lorsque pour la treizième fois, la malheureuse femme étant devenue enceinte, Robert Guittard lui dit dit avec une colère croissante à chaque mot.

— Méchante Zingare, créature maudite et digne d'être alliée à ma destinée, je te préviens que si ton treizième fruit n'est pas de ton sexe, ce sera fait de toi, et je te rendrai sans plus attendre à la terre dont tu es sortie.

« — Non, répondit en pleurant la femme désolée, je ne suis pas comme toi fille d'Adam, et comme toi nous n'avons pas été formés avec mes proches de la vile argile; enfans des étoiles, nos pères naquirent d'un rayon de lumière, leurs âmes se maintiennent et nous apparaissent dans ces feux légers et brillans, parure lumineuse des nuits d'été.

— Que tu viennes du soleil ou de la lune, peu m'importe, il me faut une fille ou ta mort, et moi-même je me charge de te dépêcher.

En disant ces mots, et comme c'était la nuit du vendredi au samedi, Robert Guittard endossa son horrible peau de loup-garou, hurla par trois fois, et ayant sauté par la fenêtre, courut vers la forêt de Baziège dont il était l'épouvante.

Sa malheureuse femme se mit à pleurer, c'était sa seule ressource; tous ses garçons en âge de faire la male-bête, étaient partis avec leur père, elle avait couché les autres, et restée seule, elle déplora son malheur. L'injustice d'un despote féroce qui faisait peser sur elle un caprice de la nature; après avoir médité pendant un peu de temps, elle alla chercher dans une armoire en bois de chêne, curieusement travaillée, un noble manuscrit de l'office de la très-sainte Vierge, enrichi de miniatures magnifiques, par Odéric d'Aggobio.

Ce livre précieux avait été vendu au père

de son mari, en échange de deux superbes taureaux, d'un champ de bled, de quatre pièces d'or et d'une armure chevalière, conquise par lui, en quelque chevaulchie; son damasquinage rayé en or, en argent, la faisait admirer des connaisseurs; elle seule valait une somme énorme, et pourtant le colporteur possesseur dudit volume, assura en le livrant qu'il perdait à ce marché.

Que voulait faire le vieux Guittard du saint volume, nul ne l'a su, un prêtre savant en fait de magie, prétendit que ce pécheur avait besoin pour la confection d'un certain sortilége, de réciter la messe à rebours, et comme elle était contenue au nombre des prières du manuscrit, il se pouvait que cet autre sacrilége fut la cause que ledit office était entré dans cette maison damnée.

On s'en servait depuis pour amuser les

enfans; la pauvre Zingare à qui, et à cet effet, on l'avait remis, prit malgré elle tant de goût à la lecture du *Rorare cœli* et des autres hymnes à la Vierge, que chaque jour, depuis son entrée chez les Guittards, elle répétait ces chants pieux: car elle ap-appartenait à une famille bohémienne où on faisait entrer la lecture dans l'éducation des enfans, n'importe le sèxe; et comme en outre elle était née en Hongrie, l'idiôme latin lui était familier.

Ce soir-là donc, selon son usage, elle retira de l'armoire le riche manuscrit, afin de se distraire : elle le parcourait machinalement avant de se mettre à l'épeler; lorsque pour la millième fois ses yeux admirèrent une fine miniature, vrai chef-d'œuvre de l'art, c'était la naissance de madame la très sainte mère de Dieu; l'enlumineur avait exprimé avec tant d'art la joie de sainte Anne l'accouchée, celle de la famille, et la beauté divine de la belle et pure fille venue au monde pour le bonheur du genre humain, que se remémorant la menace injuste de son mari, elle pleura en grande abondance, puis, et pour la première fois, essayant le signe de la croix dont elle avait connaissance pour le voir faire journellement par des catholiques fervens, elle se mit à dire:

— En vérité, si malgré la doctrine des étoiles, mes étincelantes aïeules, l'impératrice du ciel, vierge Marie est réellement mère de Dieu, si elle est si puissante, pourquoi ne viendrait-elle pas au secours et éclairer une femme qui ne pécherait que par ignorance. Voici la treizième année que chaque jour j'ai répété ces superbes prières, ne me vaudront-elles rien?

Il fesait pendant cette même nuit, une tempête épouvantable. La pluie tombait à flots, et les vents sifflaient en furieux; en ce moment on heurta, tic toc, à la porte de la maisonnette. Le premier mouvement de la *mouillé à Guittard* (de la femme Guittard) fut la peur; nul à moins d'être bandit, n'aurait osé se présenter devant cette demeure abhorrée dans tout le pays, elle se tut... puis de nouveau... toc... tic...

— Qui est là, dit-elle toute tremblante, regrettant presque l'absence de son loup-garou.

— Une pèlerine, fut-il répondu, qui s'en revient de Compostelle à Notre-Dame, la Noire à Tolose; l'orage l'a surprise dans cette forêt, elle te demande l'hospitalité pour cette nuit. (1)

(1) L'église de la Daurade à Toulouse, possède une statue de la très sainte Vierge en bois de cèdre, son visage est celui d'une négresse; on la nomme *Notre-Dame-la-Noire*. Avant la révolution de 1789,

A ces mots, et sans s'inquiéter si c'était vérité ou mensonge, la Zingare hospitalière, songeant au temps horrible qu'il faisait, courut ouvrir, et puis rentra presque effrayée; elle fut suivie par une manière de reine, tant la pèlerine était somptueusement vêtue. Elle avait d'abord une ample robe, fesant bien la pyramide, en étoffe de drap d'or, brochée de fleurs nuancées selon la nature; par-dessus, et couvrant les épaules et tombant par terre, était un manteau de fin velours violet, brodé dans son contour en forme de cep de vigne, dont les feuilles étaient d'émeraudes, les grappes de perles, de rubis ou d'amétistes, et d'escar-

chaque fois qu'une sécheresse où des pluies abondantes désolaient la contrée, on promenait en cérémonie cette statue et l'on remarquait un changement presque instantané dans l'état de l'atmosphère. Le savant rira, le simple croit; qui est le plus heureux?

boucles variées; uu chaperon de velours rouge enveloppait modestement la tête, celui-ci, orné comme le mantel, de nombreuses et royales fleurs-de-lis mignonnes serrées et relevées en bosse; par-dessus était un long voile d'un blanc tissu de l'Inde, ressemblant à un nuage, tant il était léger, que paraient des annelets et des losanges d'or et d'argent descendait jusqu'au plancher, et y traînait encore, ainsi que le mantel, au moins de douze bons empans. Une couronne toute reluisante du feu des diamans et pierres dont elle était ornée; puis des boucles d'oreilles inestimables, un carcan ou rivière à quintuple rang en pierreries, enfin des agraffes, des bagues, une ceinture et foules d'autres joyaux, tous de prix, et dont le plus mesquin aurait acheté la cité de Montpellier; cette merveille du Languedoc si précieuse à la couronne de

France et achevaient, par leur réunion éclatante, de parer cette dame.

Mais quoiqu'elle eut les yeux doux, le port majestueux, la bouche bien dessinée, la Zingare vit avec peine que sa peau ressemblait par la couleur à celle de la négresse d'Afrique la plus égale à la noirceur de l'ébène; cela suffisait à épouvanter, bien que d'ailleurs tout en elle annonçait la grandeur, la puissance, la beauté; ce qui enfin étonna au plus haut point *la femme à Guittard*, c'était que malgré la violence des torrens qui du ciel se précipitaient sur la terre, aucune partie du vêtement si magnifique de l'auguste étrangère n'était mouillé, et la moindre souillure d'eau ou de boue ne s'y laissait apercevoir. Cette dame seule de sa compagnie, dit en entrant avec un son de voix si persuasif qu'il faisait verser de douces larmes :

— Ma fille, que la paix du Seigneur soit avec toi et avec ton esprit. Je te remercie de ce que tu as répondu à mon appel, il n'y en a que trop dans le monde de ceux qui refusent d'ouvrir au malheureux qui leur demande un asile, tu as été charitable tu t'en trouveras bien, dis-moi ce que tu désire et je te le procurerai.

— Hélas! madame et très auguste princesse; car à voir vos vêtemens et la noblesse de votre physionomie, il me soit prouvé que vous êtes une puissante reine, il ne dépend de personne de me fournir des choses dont la possession me rendrait heureuse et dont la privation assurera ma mort.

— Je sais, répartit l'étrangère, que les gens de cette maison appartiennent plutôt au diable qu'à Dieu; et certes, les anges comme les hommes évitent d'en franchir le seuil, mais puisque depuis treize ans tu me glorifies tous les jours il faut bien que je fasse pour toi quelque chose. Écoute-moi, tu désires une fille? eh bien! tu mettras une fille au monde, tu la nommeras Marie, tu la voueras au blanc, tu mettras sur sa tête une guirlande de lis que je te donnerai en te quittant, et tu feras d'elle dès son enfance une des épouses de mon fils.

— De votre fils, madame, quoi celui-là, né de vous, vivrait en concubinage avec plusieurs femmes?

— O simple! chaste et loyale! dit en souriant la dame, je suis la mère de Dieu, la Vierge Marie, et mon fils est ton empereur et premier baron notre Seigneur Jésus-Christ, ses épouses sont de pieuses religieuses; ta fille goûtera le plus parfait bonheur dans cette union.

— Je n'en doute pas, mais mon mari ne consentira jamais à ce que cette créature tant désirée renonce au monde pour entrer dans un cloître.

— Laisse-moi faire, quoique Satan aide ton mari, ta fille et moi saurons le réduire; quant à toi abjure le culte idolâtre des étoiles, crois à la très sainte religion de Jésus-Christ, je te promets en récompense de ce que tu as fait pour moi, de venir te chercher tôt et je te conduirai en un lieu où tu attendras sans inquiétude que ta fille bien aimée nous rejoigne.... Mon enfant, poursuivit madame la sainte Vierge, la lecture de ceci t'a sauvée. Et elle touchait le livre pieux. Pour te secourir, je suis venue de Toulouse où je m'en retourne, car j'entends le maudit qui approche; aie foi toujours et sans relâche, et tu entreras dans le benoît paradis.

L'apparition prit fin, une odeur suave et balsamique en resta la seule trace, ainsi qu'une resplendissante couronne de lis des champs, que la Zingare aperçut sur le bahut d'ébène ou elle enfermait ses meilleurs vêtemens, elle alla vers cette preuve du miracle consolateur qui venait de se faire en son avantage, et afin que nul de ce manoir maudit ne la profanât par son attouchement et sa vue, elle prit le soin de l'enfermer bien enveloppée d'un linge blanc et net, dans ce même bahut, ce qu'elle fit en admirant l'éclat, la beauté et le parfum exquis de ces lis divins.

XIII

Le Chapeau de Lis.

Le diable est fin, et pourtant
il est toujours attrapé.

La pauvre femme, lorsque son exaltation ne la soutint plus, succomba sous le poids du prodige qui venait de s'opérer en sa faveur. Cette âme simple, naïve, mais recte, comprit de quel bienfait étonnant la très-sainte mère de Dieu avait payé le zèle mis à l'honorer dans une prière journalière;

aussi dès ce moment, abjurant son idolâtrie primitive et l'indifférence advienne à la suite, elle se prosterna au milieu de sa chambre, et, étendant les mains vers le ciel, demanda avec cette foi fervente qui transporte des montagnes, à son auguste protectrice de ne pas l'abandonner, mais encore plus particulièrement de lui éviter les occasions de pécher. Cette oraison intuitive remplit son âme de douceur, il lui sembla entendre une voix consolante disant :

— Espère, pauvre Zingare, souffre tout pour l'amour de ce Dieu auquel, à dater d'aujourd'hui, tu te donnes. Lui, de son côté, s'engage, dès que tu auras mis ta fille au monde, de te retirer de celui-ci, afin que mon action militante cesse, et que tu ailles prendre, auprès de ma mère, l'un de ces trônes que je réserve aux élus.

Elle priait encore et la tempête redoublait de puissance et d'horreur : des hurlemens, des vociférations surnaturelles retentissaient de toutes parts ; on aurait dit la maison investie par les armées infernales. Ce tapage ne retirait pas l'humble et douce femme de son état d'oraison mentale ; des rafales véhémentes venaient battre contre les volets : on aurait dit qu'il s'agissait de les ébranler, et sans doute le ménestrel qui se serait rencontré dans les environs de ce lieu livré à un aussi épouvantable désordre des élémens, se serait écrié en homme inspiré par la circonstance :

Le jeu des Diables.

Entendez-vous gronder sur le sommet des tours
De l'orage des nuits, les rafales brumeuses.
Entendez-vous aux bords du fleuve aux cent contours,
S'enfler, mugir, rouler les vagues écumeuses.
Qui rugit dans la plaine et tonne sur les monts ?
Sont-ce les Clans impurs des immondes démons ?

Oui, voilà bien leurs chants, leurs rires, leurs injures;
D'effroyables accords les cieux au loin frappés,
Annoncent aux humains, qu'aux enfers échappés
Vole en grondant l'essaim de ces anges parjures;
Oh! la foudre répond à leurs cris discordans.
De verdâtres lueurs, des phosphores ardens
Nous montrent quelquefois leurs fantastiques formes.
Les uns nains dégradés, d'autres géans énormes;
Ceux-ci traînant des fers, où de feu consumés,
Poussant des cris affreux dans les airs alarmés.
Ceux-là groupés en nombre, et dévorant l'espace,
En cercle tournoyant leur noir bataillon passe,
Qui jette en se jouant des éclairs sulfureux?
Qui cherche à se couvrir de voiles ténébreux?...
Sous leur terrible choc, sous leur poids, sous leur force,
L'univers qui frémit, à les vaincre s'efforce;
Eux redoublant de rage et de vélocité,
Précipitent des cieux la pluie au cours hâté.
D'innombrables torrens, d'immenses cataractes,
Du grand drame de l'air, seul remplissent les actes.
Le vent siffle, s'élance et dans ses tourbillons,
Sur le sol dévasté, trace d'obscurs sillons.
La terre est soulevée et l'Océan frissonne,
Des combats immortels la grande trompe sonne;
D'un cliquetis bruyant, la grêle à coups pressés
Meurtrit l'oiseau fuyant hors des toits fracassés.

L'immense et forte voix du rapide tonnerre,
Aux pins, aux flots, aux monts, vient annoncer la guerre.
Sous ses feux dévorans, sous ses coups redoublés,
Se rompent en criant les cèdres ébranlés.
Le rocher qu'il arrache à sa profonde base,
Tombe en bonds inégaux des sommets du Caucase.
Partout est la terreur; à ses côtés, la mort
S'assied en appelant l'effroyable remord.
Sous d'épaisses vapeurs, sur des nuages sombres
S'offrent aux yeux troublés de chimériques ombres.
Et triste effet du jeu des démons détestés;
L'épouvante parcourt les champs et les cités :
Quand le mortel tremblant à cette joie immonde
Croit arriver enfin au dernier jour du monde,
A ce jour qui verra dans les airs embrâsés,
Rouler confusément tous les astres brisés,
Où l'univers lassant la bonté paternelle
Ira dormir détruit dans la nuit éternelle.

Cependant la fenêtre, qu'aucune puissance mortelle n'aurait pu entr'ouvrir, fut agitée par une vigoureuse secousse, et les deux battans séparés, laissèrent pénétrer dans la chambre qui venait d'être sanctifiée, le terrible Robert Guittard : il était encore revêtu de sa peau de loup-garou qu'il laissa couler de dessus son corps, et dont le contact souilla le plancher, car le sang en dégouttait.

Cette fois ce fut avec un dégoût marqué, avec une horreur involontaire, que la Zingare repentante accueillit son féroce époux. Lui, de son côté, plus accoutumé à des puanteurs de chairs pourries, fut singulièment frappé du parfum suave provenant, soit de la vierge absente, soit de la couronne de lys présente.

— Qui est venu pendant mon absence? demanda d'une voix tonnante l'homme-loup-garou.

— Une reine, répondit modestement la Zingare, avec une robe d'or, un manteau de velours et un diadème de diamans.

— Où est-elle? s'écria Guittard déjà

aspirant par cupidité à un autre crime.

— Elle est repartie peu de temps avant ton retour. Crois-moi, laisse-la s'éloigner en paix.

— Sa suite était-elle nombreuse ?

— Seule, que t'importe?

— Adieu ! femme, couche-toi ; je ne rentrerai pas de cette nuit.

Le misérable, aussitôt revêtant de nouveau sa peau de loup souillée, reprend le chemin de la croisée, tandis que la Zingare, dans sa simplicité, adresse à Dieu une prière, surtout pour que la divine mère du Christ soit sauvée de la rage d'un impie scélérat. Alors une voix douce comme un frais zéphyr d'été, fait entendre péniblement ces paroles :

— Pauvre Zingare ! tu ne seras plus malheureuse ! ton barbare époux ne reviendra que lorsque, délivrée, tu partiras, toi, avec la Reine noire, mais belle; lui, acharné à la poursuivre, ne cessera de parcourir les forêts, les landes, les champs, les garriques : fatigué, harcelé, souffrant pour sa première punition la faim, la soif, la fatigue et la peur.

En effet, dès cette nuit-même, le misérable Robert Guittard ne parut plus dans sa maison. Il en résulta que la pieuse Zingare put contraindre ses enfans aînés à s'unir à elle pour prier le Dieu du catholique et sa mère auguste; une telle conduite porta son fruit. Lorsque revint l'époque fatale où les jeunes Guittard qui, ayant atteint l'âge désigné pour se couvrir de la peau détestable, voulurent la revêtir, celle-ci, roidie et inerte, ne put plus envelopper des membres inaccoutumés à la revêtir. La mère, versant des larmes d'allégresse, jeta ces exécrables déguisemens du crime au milieu des flammes où ils furent dissous non sans pétiller étrangement, tandis qu'en dehors de la maison et du sein de l'obscurité profonde s'élevèrent des hurlemens de rage et des imprécations furieuses.

La Zingare avançait dans sa grossesse, lorsqu'à la surprise inexprimable de tout le pays, les cinq enfans aînés de Guittard, qu'on croyait en voyage à l'étranger, demandèrent et obtinrent la permission de se retirer dans un monastère du voisinage, où ils vécurent dans un état approchant de la sainteté. Mais sept autres garçons restaient encore, et la jeunesse de ceux-là les réservant pour le vice, s'opposait à ce qu'on les envoyât dans ces ports où ne pénètre pas la tempête humaine.

Cependant, depuis ce même temps, les actes féroces d'un loup-garou monstre, sans second, remplissaient de consternation la vaste forêt de Baziège, bien toutefois qu'on ne put plus lui reprocher que de rares égorgemens. Aucun baron avec sa meute ne le forçait à la course ou ne le rencontrait dans son antre infect. Il répandait au loin la terreur! quelques cadavres manifestaient, à demi rongés, son appétit vorace: on priait pour que le patron de la paroisse le mît à la raison. Hélas! le pieux prêtre n'y pouvait rien!

La Zingare, environnée de ses six derniers fils, leur faisait chanter avec elle le *Rorare cœli*, quand de nouveau la fenêtre donnant sur la forêt voisine donna passage au loup-garou. A son aspect inattendu, les jeunes innocens ne songèrent qu'à recourir à Dieu, et de leurs faibles mains multiplièrent les signes de croix. En réponse à cet acte pieux, le monstre hurla de manière à faire tout trembler; en même temps la peau magique tomba, et Guittard apparut à ses enfans le visage enflammé, les yeux remplis de colère :

— Vive Satan! s'écria-t-il. Femme coupable, que s'est-il donc passé pendant mon absence : voilà bien sept de mes imbéciles marmots, où sont leurs aînés?

— Dans le tombeau, d'où ils ne retourneront pas au monde, répartit la Zingare qui, équivoquant, disait vrai sans augmenter le mécontentement de son cruel epoux.

— Mieux vaut tôt que plus tard, dit le père insensible; qu'une aussi forte perte ne tourmenta pas plus long-temps, mais puisque sept me restent, qu'en as-tu fait, quelles absurdités leur as-tu enseignées?

La pauvre femme ne répliqua pas; elle ressentait les premières douleurs d'un accouchement pénible; et, ayant fait appeler une vieille sorcière, la seule du second sexe que Guittard consentait à laisser entrer chez lui; elle se coucha, attendant avec ferveur le moment de sa délivrance.

A peine se fut-elle éloignée que l'infâme vieille vendue au démon depuis long-temps, et qui plus d'une fois avait pactisé avec Guittard aux orgies sacrilèges du sabat, vint à son tour, et prenant à part le vil époux, lui apprit que pendant son absence, la Zingare avait abandonné à Dieu ses cinq premiers enfans.

Oh! dès que cette fatale révélation eut été complétée, à quel point s'éleva la fureur insensée de Guittard. Le misérable s'emparant d'un couteau acéré, se rua vers le lit de douleur où gissait sa femme souffrante.

— C'est pour le coup, scélérate, lui cria-t-il, qu'il te faut mourir! quoi malheureuse! tu as pu enlever à mon maître jaloux ceux d'une famille où depuis des siècles il ne compte que des sujets?

— Hélas! répondit la Zingare, en reculant de ses faibles mains la pointe aiguë qui la menace, je ne te demande pas la vie, mais laisse-moi te faire un dernier présent. Je vais mettre au monde la fille que tu désires tant, permets qu'elle vienne au monde, reçois-là de mes mains, et lorsque ta joie sera complette, punis-moi de m'être unie à un barbare tel que toi.

Malgré sa colère inhumaine, Guittard confondu de la confiance avec laquelle la Zingare lui annonçait la naissance d'un enfant de son sexe, lui que devorait la fantaisie d'avoir une fille, laissa tomber l'instrument de mort, et se retira lentement néanmoins.

Cependant l'heure de la conception arrive, une douleur plus complette que les autres fesant connaître à la Guittard, qu'elle ne tarderait pas à être délivrée. La pensée pieuse lui vint de mettre dans son entrée au monde, sous la protection de la sainte Vierge, la débile créature qui va paraître, car, tout lui annonce que son farouche époux a la pensée atroce de conduire à Satan cette fille déjà si chérie: en conséquence, elle se soulève, et appelant l'aîné des ses fils, elle lui commande de lui apporter sans retard le chaperon de lis qu'il trouvera dans le bahut voisin.

L'enfant avec autant de promptitude que d'intelligence, tandis que la sorcière que le loup-garou attendait pour pouvoir accomplir l'acte impie que Satan leur a demandé; l'enfant dis-je retire le présent divin, le porte à sa mère, qui, adroite et preste, le cache sous les couvertures qui la recouvrent, mais ne peut de même faire évanouir la suave odeur qui s'en exhale, elle est si anthipatique aux ennemis de Dieu, qu'elle les trouble, les ennuie désagréablement, et tous les deux avec inquiétude recherchent d'où elle peut ressortir... Mais la Zingare pousse des cris aigus; le moment critique arrive. Alors, dans une partie écartée et où la lumière du jour parvient à peine, on voit une vapeur épaisse noire empuantée, se condenser, se durcir, et dans sa profondeur la Zingare voit avec un effroi légitime, les traits difformes de l'être gigantesque, dont l'orgueil frappé du foudre divin, en porte sur son front sillonné les cicatrices brûlantes et les traces irréparables.

A l'aspect de leur maître infâme, Guittard d'un côté, la magicienne de l'autre, s'agenouillent, et d'une voix saccadée par la terreur, promettent au contempteur farouche de la divinité, que bientôt ils lui engageront une âme nouvelle, celle de la pure fille qui va venir.

La mère comprime son désespoir, et d'une prière fervente conjure la haute protectrice de ne pas souffrir qu'on enlève à son fils la jeune épouse qu'elle lui destine. Elle achève, et aussitôt elle voit à son tour une colombe si blanche, que la lumière coule autour d'elle à flots. Le brillant oiseau, les aîles étendues, descend du ciel, vient en biaisant dans la chambre, et se place sur le chevet du lit. A sa présence, le doux espoir rentre dans le cœur de la Zingare avec d'autant plus de confiance, qu'elle voit la colombe, invisible pour les trois coupables, jeter néanmoins, dans l'âme de ceux-ci, je ne sais quelle épouvante mystérieuse.

Un nouveau cri déchire l'air ; la Zingare se tord avec une torture inexprimable, mais tout est fini, un cri doux et pur répond : l'enfant est né.

— A moi, ma fille, s'écrie Guittard qui de sa main forte soulève la couverture modeste sous laquelle la délivrance avait eu lieu déjà. Le démon témoin de cette scène, devenu plus apparent, riait d'une abominable joie ; mais la mère courageuse au milieu de sa dernière et plus cruelle angoisse, n'a pas oublié, qu'à la couronne embaumée tenait tout l'avenir de l'innocente créature ; aussi dès qu'elle l'a sentie hors de son sein, elle a eu l'énergie religieuse suffisante pour couvrir le front ingénu de sa fille, du chapeau de lis ; l'ordre divin de la Vierge-mère est accompli ; le sceau chrétien servira d'égide à la nouvelle venue, et l'enfer a perdu sur elle le funeste pouvoir qu'elle se flattait d'y étendre.

XIV

Satan et une jeune Vierge.

Le vice est moins fort que la vertu.

J'ai dit à la fin du chapitre précédent, qu'à la minute même où Gaillard soupçonna que sa fille lui était née, il avança la main afin de la vouer aussitôt à Satan, spectateur de cette scène cruelle; une joie odieuse brillait dans les yeux du trio pervers; combien elle se changea en une rage violente, lorsqu'un feu ardent partit du chapeau de fleurs; une flèche brûlante précipita dans ses abîmes profonds l'ange déchu, accablé de honte; une autre ôta la vie à la sorcière, et la dernière fit naître une paralysie complète dans les membres de Guittard.

Emporté par le secours de la jeune famille, sur un lit voisin, ne conservant que la parole qu'il employait à blasphêmer, il tarda peu à être témoin d'un spectacle qui aurait dû toucher son cœur. Une clarté radieuse et suave remplit la maison; voici que la chambre de la Zingare se remplit d'une foule céleste; la Vierge, avec le costume sous lequel elle s'était déjà montrée, et dont les traits noirs rappelaient ceux de la fameuse statue de l'église de la Donciade à Tolose, parut au pied du lit.

— Ma bonne amie, dit-elle à l'accouchée, tu as assez souffert dans ce monde, viens-en habiter un meilleur, d'où tu veilleras plus efficacement sur tes enfans.

Ces mots achevés, la mère de Dieu tend sa main à la pauvre mère, un coup de tonnerre retentit, le corps de la Zingare reste privé de vie sur son lit mesquin, tandis que son âme impassible, glorieuse, immortelle, le front ceint d'une couronne étincelante, s'élève avec sa conductricc, et la cour céleste, vcrs l'empirée en attachant un doux regard sur ces enfans qu'elle laisse après elle, en attendant le jour où ils seront tous réunis.

Ce fut avec un contentement féroce que Guittard acquit la certitude de la mort de sa femme; il demeura, il est vrai, pendant quinze années, toujours alité et hors d'état de se remuer, moins encore de se mêler de ses affaires, des tuteurs furent donnés à sa jeune famille, tous ses enfans, à l'exception du sixième, à mesure qu'ils atteignaient leur seizième année, demandaient à embrasser la carrière ecclésiastique; le peuple voisin reconnaissait avec une admiration religieuse la sainte influence de la Zingare devenue bien heureuse.

J'ai dit que le sixième enfant, André-le-Féroce, ce fut le sobriquet dont on le frappa, se montra dans les actes divers de sa vie digne de continuer les erremens de sa famille; il entrait dans sa vingt-et-unième année, lorsque Marie, sa sœur, atteignit sa quinzième. Ce jour-là même et comme par enchantement, Gaillard, le père, recouvra sa vigueur, le libre exercice de ses membres, et il en profita pour aller courrir nuitamment les bois en compagnie de son fils, tous deux en costume complet de male-bête.

La guérison presque miraculeuse de ce vieillard enraciné dans le crime, fut attribuée généralement aux remèdes, aux apozèmes que lui avait fait prendre un jeune physicien, très ami de Guittard André; c'était à Tolose que l'un et l'autre avaient fait une connaissance intime; le physicien (médecin) avait la peau singulièrement brune, ses cheveux étaient crépus, sa tournure gauche; il marchait avec peine, ce qui l'avait obligé à endosser des bottes d'une forme tellement extraordinaire, que l'on se demandait si ce pied si bizarrement, si incroyablement accoutré, appartenait à notre espèce humaine.

A part ce désagrément du à la nature peu bienveillante pour un pauvre diable, Nicolas ne manquait ni d'esprit, ni de vivacité, hardi, téméraire, taquin, grondeur, frondeur, tracassier, tatillon; son malheur voulait que sa figure portât l'empreinte d'une malice diplomatique et infernale. On n'avait jamais entendu parler de ses antécédens, on ne lui savait aucune fortune, il soignait les malades et refusait tout paiement, il en résultait que si d'abord on se servait de lui, on se lassait de ses sarcasmes, de son impiété, de ses étourderies; sa physionomie avait une expression diabolique, mais tant de jeu, de vivacité, une expression si particulière et entraînante, que si on ne voulait pas le dire beau, il ne fallait pas non plus affecter de l'accuser de laideur.

Amené dans la maison paternelle un jour, et par l'intermédiaire *d'André-le-Féroce*, il ne put voir la céleste Marie sans ressentir pour elle un amour violent; celle-ci, sous l'égide de son chapeau de lis, grandissait bravant les embûches de l'enfer, on savait que celui-ci n'aurait aucun pouvoir sur elle, tant que Marie ne renoncerait pas elle-même aux bénéfices du palladium miraculeux qu'elle avait reçu des cieux.

Assidue à remplir ses devoirs de chrétienne, tout Sainte-Colombe l'admirait, sans pour cela lui ravir sa délicieuse modestie; son frère *le féroce*, et dont l'humeur répondait au surnom, l'avait aussi mise en rapport avec l'habile physicien Nicolas; celui-ci l'avait d'abord épouvantée au moyen de sa malice satanique, de son impiété sacrilège; mais lorsque le fin compère se fut aperçu du tort réel qu'il se faisait, en s'abandonnant à sa voie ordinaire, il s'en retira, tâcha de faire prendre le change à sa jeune maîtresse, en affectant une inquiétude profonde sur ses sentimens moraux, sur ses principes par trop philosophiques;

il se mit adroitement à parler religion, à élever des doutes, à se mettre en quelque sorte sous la direction de la jeune fille, ayant en ceci pour but unique d'inspirer de l'orgueil à celle-là.

Marie isolée, sans aucune amie de son sexe; car quelle famille honnête de la contrée aurait osé envoyer une jeune personne chez les loups-garoux Guittard; Marie ne pouvait faire aucun point de comparaison; nul autre homme ne balançait les avantages de celui-là, et le jour où elle fut réduite à comparer les grâces, l'amabilité du physicien, avec la grossière existence des fils du tiers-état qu'elle pouvait voir; il en résulta que la pauvre Marie céda au personnage plus qu'elle n'aurait dû pour son repos et son bonheur.

A chaque instant l'audacieux Nicolas pouvait s'introduire auprès de la jeune fille alors, par des paroles adroites, il tentait d'égarer sa raison, mais sans cependant oser s'aventurer à surprendre quelques-unes de ces faveurs innocentes, auxquelles les amans attachent tant de prix, et qui finissent toujours par perdre les imprudentes qui remettent à la passion la garde de leur propre honneur.

Certes, il ne fallait pas attribuer à la réserve, à la vertu, à la piété du physicien, sa retenue si rare; ses yeux étincelans du feu de la débauche et du libertinage, n'exprimaient plus qu'une mélancolie mêlée de terreur invincible, lorsque les regards du jeune homme s'attachaient à contempler le merveilleux chapeau de lis, dont les coupes d'albâtre depuis tant d'années ne se fanaient pas, sans davantage perdre leurs émanations odorantes.

Un jour où Marie sans conseil laissait

voir presqu'à découvert la tendresse, qu'à son tour elle nourrissait dans son âme; alors le tentateur en essayant de donner à sa voix une expression chaleureuse, se plaignit à la jeune fille du peu de soins qu'elle prenait de sa parure.

—Les jeunes filles de Sainte-Colombe, celles aussi de Baziège, ne conçoivent pas que née d'un père à qui on sait de la fortune, la fille unique soit réduite à porter uniquement nuit et jour sur sa charmante tête une couronne de lys. Savez-vous ce que cela laisse imaginer, on se figure que votre père est avare, on vous plaint, on le blâme et on le méprise.

—Oh! si je le croyais... Mais non, ma mère a fait un vœu, tous mes frères hors un me l'affirment, et je ne dois quitter cette parure balsamique et modeste que le jour où j'entrerai en religion.

Ici Nicolas se récria. La conversation montée sur ce ton de tendresse faisait insensiblement perdre à la piété quelque chose, et cette perte tournait au profit de l'amour, déjà la simple Marie ébranlée par les propos captieux de son amant perfide, élevait sa main pour détacher de son front la couronne préservatrice, lorsque l'aîné de ses frères parut.

Celui-ci âgé de près de trente ans, et engagé dans les ordres, se faisait distinguer par ses vertus, son amour de la religion, sa modestie, son zèle et sa persévérance, attaché à la paroisse de Sainte-Colombe, en qualité de vicaire, il édifiait le peuple, il apaisait les querelles, raccommodait les ménages désunis, travaillant à faire le bien selon le commandement sacré de l'Évangile.

Haï de son père qui ne daignait ni de

le voir, ni lui parler à cause de cette vie chrétienne, si en contraste avec la sienne; lui et ses frères, pieux enfans, et tous frappés de l'interdit paternel, en raison qu'à l'exemple de leur aîné et de leur mère, ils étaient rentrés dans le chemin du salut, un seul manquait à cette pure alliance; le farouche André que, ni prières, ni larmes, ni souvenir maternel ne retirait de ce culte infâme voué par lui au démon.

Ce jour-là même, Pierre Guittard (fils aîné) ayant ouvert un manuscrit contenant le vie des saints, se mit à lire, tout à coup les paroles qu'il assemble lui présentent un sens extraordinaire, il continue, et parvenu à la fin du chapitre, se plait non à croire à une vaine illusion, mais à un miracle preuve éclatante de la sollicitude divine avec laquelle la très sainte Vierge veille encore sur les descendans de la bonne Zingare.

Voici ce qu'il avait lu lorsqu'il se leva précipitamment en multipliant les signes de croix.

« Pierre Guittard, serviteur de mon fils !
« honnête vicaire de la paroisse Sainte-Co-
« lombe ! sors en hâte de la maison curiale,
« et revêtu de ton surplis, portant d'une
« main l'étendard de la rédemption, de
« l'autre un goupillon mouillé de l'eau salu-
« taire et bénite ; ta sœur court le péril de
« perdre son âme ; c'est une conquête que
« Satan se destine ! va mon fils, sans per-
« dre de temps ! jouis de la mission que
« par moi ton Seigneur Dieu te confie. »

L'éclat lumineux des lettres, apprit au lecteur que la main d'un ange venait de les tracer ; aussi, et sans balancer sur l'injonction qui lui était faite, il courut vers une maison où depuis la mort de sa mère, il n'avait osé pénétrer; cette fois conduit par l'impression divine, il ne craignait pas d'en franchir le seuil.

C'était dans une chambre au haut étage que l'innocente Marie était en ce moment tourmentée avec autant d'art que d'impudence par ledit physicien.

A la vue de son frère, que certes elle était loin d'attendre et même d'espérer par la triste connaissance qu'elle avait du fatal éloignement de son père, Marie, sans songer à la présence d'un étranger, laissa tomber la main qui détachait le chapeau de fleurs de sa tête, et poussant un grand cri de joie, se leva impétueusement les bras ouverts pour recevoir son frère, ami d'ailleurs si respectable par le caractère sacré de prêtre, dont il était revêtu si glorieusement.

Ce fut avec une égale allégresse que le survenant accueillit cette explosion si tendre, si chaste d'amour fraternel, il en récompensa soudainement la jeune fille par l'effet puissant que son contact, dégagé de toute souillure impudique, produisit dans ce vertueux cœur. Marie se sentit toute changée ; ce fut avec horreur et désespoir qu'elle se rappela le texte coupable de la conversation de son amant avec elle.

Cet être pervers, lui, à son tour, et dans cette circonstance, ne laissait pas que d'éprouver un dépit cruel, une rage infernale, une haine surtout contre celui qui par sa seule apparition, détruisait le ret habile dans lequel il se flattait d'avoir enlacé son aveugle maîtresse; aussi l'audace, le mécompte, l'aigreur, la colère, allumèrent-ils instantanément en lui un délire furieux, le besoin insensé d'une vengeance prompte et complète.

Lorsque le digne prêtre eut cédé au pur élan de son âme fervente, il porta les yeux sur cet homme qui au lieu d'aller à lui, de le féliciter sur cette rencontre, se tenait à l'écart en tournant vers lui des regards empreints de courroux plutôt que de véhémence; un instinct pieux, un tressaillement involontaire, quelque chose qui le rattachait à une inspiration divine, puis qu'à sa charité accoutumée, il ne se sentait que de la répugnance et une sorte de mépris.

De part et d'autre, ces deux personnages de vie, de fortune diverses, ne paraissaient pas prêts à se rapprocher amicalement; alors le vicaire de Sainte-Colombe étonné du silence dédaigneux dans lequel l'étranger se maintenait, prenant l'initiative, et fort et ferme parce qu'il était dans son bon droit, se hâta de débuter en s'adressant à sa sœur, et tourné vers elle, et de la main lui désignant le physicien Nicolas, lui dit :

XV

Le Diable est fin.

> La peine qu'on prend et au tort qu'on se fait pour se conduire mal, je ne sais pourquoi cn ne préfère pas se conduire bien.

— Chère sœur, depuis quand est-ce la coutume qu'une jeune fille dont la mère repose en Dieu, et dont le père est absent, reçoive pendant ce temps tout individu qui n'est pas de sa famille : y avez-vous réfléchi, et ce péché n'est il que l'effet de l'ignorance du mal.

— Que t'importe? répartit aigrement le physicien, en enlevant à Marie la possibilité de répondre, ne sais-tu pas que la volonté de l'auteur de ses jours, touchant ta sœur, sur laquelle ton orgueil veut étendre une domination usurpée, est que je m'unisse à elle par des nœuds indissolubles qui ne seront rompus ni sur la terre, ni au-delà.

— C'est ce qui te trompes, maudit! répliqua vivement le prêtre, père et frère n'ont aucun droit sur une sœur vouée, dès l'heure de sa naissance à un époux céleste: ainsi retire-toi, te dis-je, toi qui au lieu d'habiter le ciel, te caches honteusement dans les profondeurs de la terre.

Ces paroles outrageantes annoncent trop bien que le prétendu physicien était connu du prêtre, celui-là redoublant la fureur étincelante déjà dans ses yeux, se mit à blasphêmer avec rage, et en même temps, mettant la main dans son sein, en retira un poignard onduleux et aigu dont il parut vouloir frapper celui-ci, mais l'homme d'église se reculant, et sans témoigner la moindre crainte, fit par trois fois le signe de la croix, et d'une voix aussi véhémente que prompte :

— Vil esclave révolté contre ton maître! au nom de la très-sainte Trinité, et en vertu de la puissance sacerdotale dont je suis investi, je te commande d'abandonner la place, et t'enjoins de ne plus reparaître dans cette maison que sous l'horrible figure qui a remplacé ta première beauté.

Satan vaincu, poussant un cri affreux, perdit soudainement son enveloppe trompeuse, et tandis qu'il s'enfonçait dans un gouffre de flammes ouvert pour le recevoir, il se montra tel qu'il est avec ses cornes, sa queue et sa physionomie hideuse.

Marie, épouvantée du péril qu'elle avait couru, se prosterna remerciant le Seigneur, la Vierge auguste et sa mère la Zingare, du secours à propos qu'ils lui avaient envoyé. Elle déplora sa faiblesse, comprit que le monde est un obstacle à qui veut faire son salut, et elle promit à son frère que le jour prochain venu, il viendrait la prendre et la conduirait au monastère de Prouilhes où elle se consacrerait solennellement à son divin époux.

Ce même soir, Guittard surpris de ne pas voir le physicien, l'appela : il lui apparut, mais non sous sa forme fallacieuse.

— Es-tu si rempli de vanité, lui dit le loup-garou, pour te flatter de plaire aux jeunes filles, ainsi que tu te montres à moi.

— Il ne m'est plus permis de me présenter autrement, dit Satan avec tristesse, l'aîné de tes fils m'en a fait le commandement, et il en a le pouvoir; tant que celui-là vivra, je ne serai que le diable.

Le diable en dit autant au féroce André, lui jaloux des vertus et de la considération accordée à son aîné, lorsque le démon fut parti :

— Père! dit André, ainsi voilà rompu notre marché avec Satanas! en retour de Marie que nous lui livrions, il s'engageait à nous servir notre vie durant, sans conserver au-delà aucun droit sur nos corps et nos âmes, nous voilà certains de rôtir au feu éternel.

— Oh! reprit le vieux Guittard! si tu pouvais te figurer quel sera l'horreur de ces supplices; il y a un mois, qu'ayant prié notre ami de me faire parler à Ramond, mon aïeul; une nuit comme je traversais un coin de la forêt, je vis venir à moi un homme dont le visage était si horriblement contracté, que j'en eus peur; c'était celui que j'avais demandé, nous causâmes ensemble, il cracha trois fois, la première, sa salive tomba sur de l'herbe qui en fut desséchée cent pas à la ronde, la seconde, sur vingt pagèles de bois (demi voie chacune) elles s'allumèrent soudain, et se mirent en charbon en trois minutes, la dernière, enfin! son expectoration dessécha le grand étang du bon bourgeois Souterenne, j'en eus tant d'effroi, que je voulus en savoir la cause; lui sans parler ouvrit de ses deux mains son estomac, je vis que le cœur, les poumons, le foie, les muscles, les nerfs, les viscères, les os, les chairs; en un mot, tout son intérieur était un feu solide qui lui occasionnait d'insupportables douleurs; il pleurait, une de ses larmes tomba sur mon bras gauche, le bon drap, la fine chemise qui le couvrent en furent consumés, et vois en quel état ma peau en a été réduite.

Guittard montra son bras nu, et André le vit dévoré d'un ulcère rouge en flamme énorme, et répandant une odeur insupportable.

— Que te semble de ceci, ajouta le loup-garou.

— Que je ne veux pas être damné, dit l'abusé.

— Ni moi non plus, enfant.

— Nous le serons si Marie ne nous dégage, et elle nous échappera tant que Pierre lui tournera la tête... Père si nous l'envoyions en paradis nous retenir nos places.

Guittard ne répondit pas, sa malice était immense, mais le prêtre était de lui..... A trois heures du matin Satanas reparut : il paraissait triste; il éveilla les deux Guittard:

— Mes bons amis, dit-il, si vous avez des affaires arrièrées que vous teniez à conclure avant votre fin, hâtez-vous, il n'y a pas un instant à perdre; ce matin, Marie s'en va à Prouilhes, et dès lors, vous m'appartiendrez.

Il n'écouta pas la réponse; le père et le fils s'entre-regardèrent, leur physionomie réciproque manifestait une telle frayeur, qu'ils s'entendirent; ils se levèrent, la nuit était profonde, pas de lune ni d'étoile, on ne voyait point au bout du bras étendu; chacun s'armant d'une hache, et tenant une lanterne sourde, ils quittèrent la maison, traversèrent le hameau, et parvinrent en face du manoir de monsieur le curé, là logeait le digne vicaire, une clochette dont la chaîne extérieure répondait contre le lit de celui-ci, fut mise en branle; Pierre Guittard parut à la fenêtre; le misérable André déguisant sa voix, le supplia d'accourir sans retard, tout proche du village, à la maison des Rastoulh, où un jeune homme s'en allait rapidement de la vie au trépas: il voulait se réconcilier avec Dieu à ce dernier moment.

Le prêtre prend le très saint chrême, le viatique divin, descend, et sans reconnaître ses assassins, les suit. A peine est il entré dans la forêt, qu'atteint de deux coups de hache portés avec viguēur, il tomba la face contre terre, ayant à peine la force de dire: *Mon Dieu! je remets mon âme entre tes mains.*

Le crime commis, Satanas apparut.

— Mes compères, voilà de la bonne besogne; allons je vois que je ferai une double perte, je m'en dédommagerai avec Marie.

Ainsi le fallace les abusait. Il poursuivit :

— Éloignons-nous, voici les amis de ce nigaud qui viennent lui rendre les derniers devoirs ; nous n'aurions pas beau jeu à les attendre.

La nuit s'éclaira, l'armée du ciel descendit en chantant *hosanna.* Les Guittard épouvantés à leur tour, virent l'âme de la victime vêtue d'une robe blanche, ayant au front un diadême d'or, et aux mains une tige de lys, monter rayonnante vers le trône de Dieu.

Le lendemain les voyageurs aperçurent avec horreur un cadavre de prêtre gisant sur la terre. Un grand nombre de loups, de renards, de vautours et d'autres oiseaux de proie l'environnaient avec l'action de bêtes affamées ; mais à la tête et au pied du mort, deux blanches colombes voletaient ;

tenant entre leurs pattes délicates une épée de feu, qui fesait peur aux voraces animaux; ceux-ci à la vue des survenans, s'évadèrent. Les oiseaux du ciel prirent leur vol vers lui; on releva le corps, et comme on trouva sur lui la boîte au saint chrême, on comprit pourquoi Dieu, n'avait pas voulu le livrer à la furie des loups et des faucons.

Comme également et à côté de Pierre Guittard, dont tout le village vint enlever les restes en grande pompe, gissaient les deux haches dont on l'avait frappé; les consuls de Baziège donnèrent ordre à tous les bucherons de se rendre le jour des funérailles du saint prêtre, au *Parloir-des-Bourgeois* (l'Hôtel-de-Ville) à l'effet d'y toucher ces haches, de les examiner et de les reconnaître.

Quand on vint annoncer aux Guittard le trépas de leur fils et frère, on ne les rencontra pas; ils étaient en voyage, Marie aussi était partie; ils l'avaient enlevée et amenée à deux lieues de là, dans les ruines d'un fort romain, où ils avaient découvert de vastes souterrains; là, ils la laissèrent en compagnie du physicien, celui-ci jurant de son innocence et accusant le défunt de magie.

Cependant l'enterrement avait lieu; la messe solennelle ayant été dite, le caveau destiné à la sépulture des pasteurs de la paroisse étant ouvert pour recevoir le cadavre de Pierre Guittard, voici que le père et le frère parurent sous le porche de l'église. Les audacieux sacrilèges prétendaient bien pénétrer jusqu'au pied de l'autel; mais au moment de franchir la porte un ange se mit debout devant eux, et les repoussa; eux seuls le voyaient, mais ce que virent les fidèles ce fut qu'au même instant des gouttes de sang tombèrent de la bière sur le parquet, en assez grande quantité pour qu'il s'en formât comme un petit ruisseau qui coula vers les Guittard et mouilla leur soulier. A ce miracle on poussa des cris, et malgré leur vive résistance, on amena le père et le fils au Parloir-des-Bourgeois.

A peine pareillement arrivaient-ils dans la grande salle où les deux haches, pièces de conviction de l'assassinat, reposaient sur une table recouverte d'un drap noir, que toutes les deux enlevées par des bras invisibles, traversèrent l'espace qui les séparaient des méchans et d'elles-mêmes, se placèrent dans leurs mains, paraissant alors toutes sanglantes, bien que, naguère et par inadvertance, la femme du bedeau les eut nétoyées avec soin.

Oh! pour cette fois et malgré leurs dénégations, les deux Guittard, chargés de chaînes, furent conduits dans la prison de Basiège. La nuit vint et avec elle la confiance rentra chez les coupables.

— Notre gendre et beau-frère nous abandonne-t-il.

— Non, certes, répondit Satanas en se montrant : ah! ça, mes amis, vous le voyez, il faut en finir, en échange de la liberté que je vous procurerai, des richesses dont je vous comblerai, et de vos âmes, auxquelles je renonce, il faut me livrer tout de suite, Marie vive ou morte. Voyez, cela vous convient-il? sachez, pauvre gens, qu'on vous prépare la torture: de plus, on rompra vos membres, et vivant encore, on vous précipitera dans un bûcher ardent.

L'assassin a plus d'effroi de la mort que tout autre; ceux-là, certains du suplice, formèrent pour l'éviter un nouveau pacte, en vertu duquel ils s'abandonnaient sans retard au diable d'enfer, si cette nuit même et avant l'aurore prochaine, ils ne lui livraient Marie, où vivante ou morte. Le pacte conclu, signé de sang, le toit du cachot s'ouvre, et les Guittard sont à la porte du souterrain où languit la triste créature; ils y pénètrent.

— Oh! ma chère enfant, dit le père, sans Nicolas le physicien! des misérables nous tuaient tout à l'heure, ton frère et moi; pour un tel service, pour d'immenses richesses dont il va nous mettre en possession, il veut ta main, Marie, n'est-ce pas que tu vas la lui abandonner?

— Point ne se peut, mon Père! vous savez que dès ma naissance, je devins la fiancée de notre Seigneur Jésus-Christ; ce chapel de lys en est la preuve formelle, que j'aille accomplir cette union; mon auguste époux vous procurera plus de bien que vous n'en recevriez du diable.

Le fils prit la parole, le père y revint, ni l'un ni l'autre ne purent changer les fermes résolutions de Marie; cependant déjà venait à eux ce vent frais du matin, annonçant que l'aube va naître; en même temps un coq du voisinage chanta, les Guittard se rappelèrent les clauses du marché de la prison, le père alors:

— Marie! Marie! puisque tu tiens si peu à me contenter, songe à toi! il faut qu'avant que la barre d'argent paraisse par dessus l'orient, que tu sois ou l'épousée du physicien, ou qu'on te livre à eux morte.

— Vous me tueriez! mon père!...

— Oui ma fille, aussi bien qu'hier au soir j'ai tué ton frère ainé...

— Il est mort!... Et toi, André, tu ne l'as pas défendu?

— Par respect pour notre père, je lui ai laissé porter le premier coup à ce méchant prêtre, mais le deuxième, il l'a reçu de ma main.

— Eh bien! puisqu'il me faut mourir! souffrez que je fasse une dernière prière.

— Fais vite, nous avons hâte de tenir notre marché.

— Oh! benoite Vierge, que la volonté de Dieu soit faite!

Elle n'en dit et n'en demanda pas davantage. Le père et le frère sortirent leur coutelas, et se mirent sur la victime, mais chacun poussant un cri d'effroi et de douleur, se recula en s'écriant, *tu m'as frappé*... En effet Dieu les avait aveuglés, et lui-même étant venu chercher sa fiancée, la conduisit à Prouilhes où Notre-Dame-la-Noire, dit la chronique du couvent, assista elle-même, avec la Zingare et le saint prêtre, à la prise d'habit de Marie, qui vécut long-temps religieuse et mourut en odeur de sainteté.

A sa place les Guittard virent Satanas dont la physionomie exprimait une joie maligne.

— Oh! mes maîtres, que vous êtes maladroits! quoi vous vous entrepercez au lieu d'atteindre une sotte fille.

— Compère guéris-nous lui dirent les meurtriers que leur blessure fesaient souffrir atrocement.

— A quoi bon? voici que l'aube se lève; vous rappelez-vous notre marché; allons gens de bien venez au diable, puisque vous vous donnez à lui.

Il achève, et sans ouïr leurs prières instantes, il enfonce ses griffes dans leur tête, et leur faisant souffrir déjà des tourmens inexprimables, les entraîne corps et âme au fond des enfers, d'où ils ne sortiront qu'au jour suprême du dernier jugement pour y rentrer à perpétuité.

Depuis lors on a toujours cru que la forêt de Basiège était hantée par des loups-garous, et Poulpiquet en y prenant asile était bien sûr qu'on ne l'y rechercherait qu'avec un grand appareil dont il ne lui serait pas difficile de se préserver.

XV

Qui est-ce?

> Le cœur retient le son de la voix aimée mieux que ne le fait la mémoire.

Certes, au moment où Paschal l'effrayé eut aperçu le fantôme replacer la pierre du souterrain sur l'issue connue, par où on pouvait espérer d'en sortir, il eut quelque raison de penser que lui et son maître étaient réservés à mourir lentement dans les angoisses atroces du supplice de la faim et de la soif, une sorte de désespoir s'empara de son âme; cependant, comme de plus en plus il perdait la vue de la lumière provenant de la lampe du sire Izalguier, la frayeur de demeurer en ce lieu et dans de telles ténèbres redonna de l'élasticité à ses muscles.

Il en profita pour se mettre à descendre l'escalier tournant avec une telle rapidité qu'il dut s'étonner, lorsqu'il eut atteint la dernière marche, d'y être venu en possession de tous ses membres intacts et sans s'être aucunement rompu le col.

Parvenu à cette place, il éprouva au milieu de ses angoisses, une triste joie, celle de se retrouver enfin sous la protection puissante de son maître; celui-ci qu'une impulsion sans cause apparente avait conduit avec une telle promptitude depuis les bas côtés de l'église supérieure jusques à l'endroit où il se trouvait maintenant; ne poursuivant personne et venant à se rappeler son écuyer qu'il savait si poltron, ressentit quelque pitié de l'avoir pour ainsi dire abandonné aux voleurs qui les poursuivaient, et s'arrêtant soudainement, se demanda s'il ne serait pas convenable que, retournant sur son chemin, il apportât à ce pauvre diable un secours dont, certes, il devait avoir besoin.

Il eut peu de loisir à s'inquiéter sur le compte de Pascal Bonnet, car, ayant entendu le bruit d'une course rapide, il reconnut le pas pesant de l'écolier, qu'en effet, et peu après, il vit arriver auprès de lui.

— Te voilà donc, mon brave, dit-il, mon compagnon intrépide; maintenant que tu m'es rendu, je ne balancerai pas à poursuivre ma route, dut-elle me conduire à la porte béante de l'antre des brigands.

— Dieu veuille, monseigneur, répondit Paschal avec un ton consterné propre à faire connaître l'abattement découragé de son âme, que nous puissions parvenir à une issue quelconque, bonne à nous ramener sous cette voûte du ciel qu'un homme prudent et qu'un pieux catholique n'abandonne jamais.

— Oh! si elle nous laisse trop dans l'embarras, il nous sera toujours libre de nous en retourner par ou nous sommes venus.

— Ah! pour ceci, monseigneur, ne vous en occupez plus, le diable qui nous a conduit s'est mêlé de nous couper la retraite; et l'écuyer poursuivant, raconta comment il avait vu, lorsque les voleurs acharnés à leur poursuite descendaient déjà dans le caveau, un fantôme couvrir le haut de l'escalier d'une pierre énorme.

Ce qui tourmentait principalement Paschal fut au contraire ce qui rassura le vicomte Gallois, aussi ayant pitié de l'épouvante qui se peignait sur les traits de ce dernier lui dit :

— Allons, ami, ne te tourmente pas mal à propos, ne vois-tu pas que dans ce moment le vrai péril était la poursuite des bandits, et celui qui en leur dérobant notre trace les a mis dans l'impossibilité de nous atteindre ne peut nous en vouloir : je crois, au contraire, que c'est lui qui, pour nous assurer une retraite, a ouvert le caveau d'en haut, l'escalier que nous avons descendu et mis sur les marches de l'autre cette lampe, dont l'utile lumière nous sera d'un si grand secours dans le chemin qui nous reste à explorer.

— Hélas ! reprit Paschal en soupirant, le démon est bien fin et vous ne parviendrez jamais à me donner bonne opinion de tous ces fantômes, farfadets ou revenans qui sortent de leur dernière demeure pour hanter les lieux terrestres et les maisons où, certes, leur visite déplaît toujours.... Mais, monseigneur, ajouta Pascal avec une voix décroissante, voyez là... là... vis-à-vis de de nous, celui qui naguère m'a fait une si belle peur.

Izalguier élevant la lampe regarda devant lui aperçut en effet dans la profondeur du souterrain une forme blanche de haute stature qui, s'apercevant qu'on l'examinait se mit aussitôt à cheminer en faisant signe d'en faire autant à ceux qu'il laissait derrière lui, le vicomte comprit cette invitation muette et d'un pas mesuré se remit à marcher.

Tout en avançant il examinait le souterrain qui lui était inconnu, c'était tantôt une voûte construite à main d'homme et tantôt hardiment creusée par la puissance de la nature, là des stalactites sous forme élégantes tombaient du plafond, c'étaient des draperies à larges plis, des guirlandes, des festons, des couronnes, des colonnes, ou colossales ou grèles; du sol, au contraire, montaient des stalacmites non moins gracieuses, des vases, des urnes, des autels, d'énormes champignons, des feuilles d'achante gracieusement enroulées; partout s'étalait la fécondité du génie divin de l'éternel architecte. Là on croyait reconnaître un groupe de statues rompues par des barbares, ici des rideaux démesurés, tombaient, se relevaient, s'étendaient, et toujours avec art et goût.

Quelquefois on rencontrait des grottes spacieuses dont les dômes et les précipices inspiraient également l'admiration, un ruisseau clair et net coulant sur un sable brillant à la manière du diamant, laissait reconnaître la matière première de toutes ces merveilles naturelles.

Lorsqu'au contraire la voûte rentrait dans les proportions dues à la main de l'homme, l'espace était resserré, la voûte basse, tout, là, témoignait de la faiblesse et de la création, bien qu'elle eut cherché peut-être à lutter contre l'œuvre du Créateur : de temps en temps, à droite, à gauche, on voyait des portes de fer, de bois ou de pierre soigneusement fermées. Izalguier aurait bien voulu pouvoir les franchir et explorer les lieux auxquels, sans doute, elles donnaient entrée, mais dans ce moment la prudence lui commandait de ne pas perdre de vue son guide mystérieux.

L'écuyer, qui dans l'instant premier de la réunion avec son maître, s'était quelque peu rassuré ne voyant pas la fin de ce souterrain périlleux, recommençait à ressentir une terreur nouvelle, Izalguier le reconnaissait à la tristesse des regards qu'il lui adressait, à la lenteur de son pas, à son silence opiniâtre et aux soupirs qu'il cherchait à étouffer.....

Le guide venait de disparaître.... Gallois le chercha vainement, il ne le revoyait plus, le lieu où les deux aventuriers étaient arrivés paraissait une manière de salle aux proportions gigantesques et dont la voûte élevée en forme de dôme abaissé reposait sur des colonnes massives dont les chapitaux étaient romains; au milieu s'étendait une très grande table ronde de marbre noir, sur laquelle Izalguier vit briller à la clarté de la lampe un trousseau de clé.

Il allait y porter la main afin de s'en emparer, et conjecturant qu'elles pourraient lui être utiles, mais aussitôt l'écuyer saisissant son bras se mit à murmurer à son oreille :

— Trahison ! illusion diabolique, n'y touchez pas sous peine de les voir se changer en hideux serpens.

— La chose vaut la peine qu'on la tente, répartit Gallois en riant, et une autre fois étendant la main il allait s'emparer de ces clés, lorsqu'un bruit inattendu, les sons d'une harpe de troubadour résonnèrent dans la profondeur de ces voûtes silencieuses et sonores, la surprise que cet incident, que rien jusque-là n'avait fait prévoir, jeta au cœur d'Izalguier un étonnement si extrême, qu'il oublia de prendre ce que peut-être on n'exposait sans intention à son libre arbitre.

Paschal autant que son maître fut surpris, il porta à l'entour un regard empreint d'un mélange de terreur et de curiosité. Les sons cependant continuaient, leur ensemble parfait annonçait un prélude, en effet, ceux qui le conjecturèrent ne se trompèrent pas, bientôt une voix de femme moins fraîche que sonore et savante surtout, entonna le chant suivant :

ROMANCE.

Ainsi la nuit succède au jour
Et le jour à la nuit profonde;
Chaque saison vient tour-à-tour
A ses lois asservir le monde.
Rien n'est stable dans ce bas lieu,
D'éclat et de forme tout change,
Et pourtant tu souffres ô Dieu
L'éternité d'un sort étrange.

Dans ce cachot mystérieux
Plongée au printemps de ma vie;

Victime d'un couple odieux,
Toute espérance m'est ravie.
O Dieu! je n'espère qu'en toi,
C'est par ton ordre que tout change,
Et voudrais-tu, cruel pour moi,
Perpétuer un sort étrange.

Amie ingrate, indigne époux,
Ainsi votre haine cruelle
Abrégea les instans si doux
De mon existence mortelle.
O mort! devrais-je t'appeler!
Que pour lui seul mon destin change,
A mon fils je voudrais parler
Et lui conter mon sort étrange.

Ici, la voix qui paraissait se remplie de larmes, et être étouffée par des sanglots, s'éteignit tout à fait, et bien qu'Izalguier lui prêtat une attention réligieuse, elle ne se fit plus entendre.

Certe les vers qui venaient d'être débités

avaient trop d'insignifiance pour qu'on pût douter un instant qui ne fussent improvisés; ils étaient donc l'expression de la souffrance, de la douleur morale de la personne, qui naguère chantait. Le vicomte aurait bien voulu éclaircir la cause de l'émotion profonde et mélancolique qui venait d'être apportée dans son âme, il se demandait pourquoi cette voix si touchante, si inspirée, ne lui paraissait pas étrangère; en effet, chaque son le frappant, tour à tour entrait dans son oreille, comme un ami dont on est séparé depuis long-temps, et que l'on aime tant à retrouver.

Oui ces accens lui étaient connus, ces inflexions avaient déjà ému son cœur; il les répétait en manière d'écho, et s'indignait que sa mémoire se montras en cette circonstaece si détachée de son sentiment, il aurait voulu pouvoir sans hésiter, donner un nom à cette voix; c'était celle d'une femme assurément, mais laquelle était-ce, ce ne pouvait être sa cousine Eumerie, non, mais qui donc était-ce, répétait-il, comment se pourrait-il assurer de ce qui lui était si inconnu.

Paschal aurait pu l'aider dans ses conjectures; mais celui-là n'était accessible qu'à un seul sentiment, celui de la peur, effrayé de tous ce qui se passait autour de lui, redoutant jusqu'au couplet que chantait une femme; il était certe, hors d'état de rapporter sur le passé, la puissance de sa mémoire.

Les sons avaient été ouis avec trop de facilité pour être venus de loin; il fallait qu'une fente ou qu'une ouverture quelconque dans les murailles environnantes leur eut livré passage. Izalguier, bien persuadé de ceci, se détermina sur le champ à soumettre l'étendue de cette salle à une sévère investigation.

Ce fut alors que se rappelant le paquet de clés, d'abord aperçu sur la table de marbre ; il s'en exagéra l'importance, bien persuadé que la providence en les lui offrant, lui avait reservé un trésor.

Il se hâta de revenir où elles devaient être, car il s'était rapproché des colonnes pendant le récitatif de la romance, et déjà redoutant qu'une main cruelle ne les lui eut enlevées, sa superstition préoccupée était si forte, qu'il s'étonna presque de ce que ces clés n'étaient pas disparues.

Sans s'arrêter à répondre à Paschal qui plus sage, le conjurait de chercher avant, tout les moyens de sortir de cet espèce de tombeau, ou tout au moins de prison; il se mit en devant en abaissant sa lampe avec une attention scrupuleuse, à vérifier si là, comme en diverses autres portions du souterrain laissées en arrière, il ne découvrirait pas une porte qu'il put ouvrir avec le concours d'uue des clés, maintenant en son pouvoir.

Une forte portion du coutour de cette salle circulaire avait été explorée par Izalguier, avec cette attention minutiente et persévérente d'un esprit vivement attaché à une idée fixe, et sous l'empire d'un désir si ardent, qu'il devenait une puissance irrésistible; mais nulle part, une découverte heureuse, n'avait répondu à son attente, ni couronné son investigation; partout il trouvait un roc dur et compacte, taillé par les outils du carrier ou du mineur, et là, n'était ni porte, ni fenêtre, ni fissure, ni ouverture quelconque; il ne se décourageait pas, la volonté fortement excitée a produit des chef-d'œuvres de patience. Le temps s'avançait sans qu'Izalguier s'en aperçut; il ne vit pas non plus les débris d'une statue qui, arrachée à sa niche voisine, et jetée contre terre, gissait sur le sol. Le pied du vicomte ayant posé à faux sur un fragment de bras, la rondeur de la forme de cet obstacle fit glisser le soulier. Le vicomte chancelant, et pour se préserver d'une chute voulut se retenir à la muraille; mais déjà, ayant perdu l'équilibre, il le fit si rudement, que la lampe frappant à son tour contre une colonne se retourna et s'éteignit dans la main d'Izalguier.

Le malheureux Paschal était à plusieurs pas en arrière de son maître, lorsque cette catastrophe eut lieu, le passage soudain et complet de la lumière aux ténèbres profonds, causa un tel effroi à l'écuyer, que bien que jusque là, sa réserve excessive lui eut sévèrement interdit de trop élever la voix dans la crainte d'attirer à leur suite des ennemis inconnus ou acharnés après eux ; néanmoins sa consternation fut telle, qu'un cri involontaire lui échappa, puis et avec l'expression la plus piteuse :

— Ah! monseigneur, dit-il, je vous en conjure, ne m'abandonnez pas, ne vous éloignez pas de moi, je vous le demande par ce qu'il y a de plus sacré pour vous, par les souvenirs de votre mère défunte.

— Ma mère, dis-tu.... ma mère! s'écria Gallois avec une expression véritablement filiale.... Ah! quelle inspiration m'éclaire, quel jour moral luit à mon âme, au milieu de la double obscurité qui m'environne.... Paschal, cette voix que nous venons d'entendre...

— Eh bien! monseigneur?

— C'est celle de ma mère!...

— De votre mère, répéta Paschal avec

une telle épouvante que ses dents claquaient et qu'il serait tombé couvert de sueur froide, si, dirigé par le bruit des paroles de son maître, il ne fut en ce moment parvenu auprès de lui et n'eut saisi avec un soulagement inexprimable un pan de l'habit de celui-là... Taisez-vous, sire.... votre mère est morte nous sommes dans son tombeau, serait-il possible qu'elle vous appelât par cette musique insidieuse?

— Misérable, répartit Izalguier véritablement irrité, oses-tu t'exprimer devant son fils avec cet égoïsme sacrilège. Oui, c'est ma mère, c'est sa voix, ce sont ses accens; j'étais sans doute bien jeune lorsque je l'ai perdue, mais le souvenir de tout ce qui fut elle est trop bien demeuré gravé dans mon cœur et dans ma mémoire, pour que je doute désormais de ce qui vaut pour moi une consolante réalité.... Et moi qui hésitais à reconnaître cette voix chérie, c'est à toi que je dois ce bonheur, à toi qui, sans le vouloir, as lancé l'étincelle qui, je te le répète, a si réellement illuminé mon âme et mon esprit.... Ainsi, ma mère parle, elle chante... Non elle n'est pas morte, elle vit, oui elle vit, je le présume, que dis-je? j'en suis sûr... Victime d'une scélératesse infâme punie de ses vertus, des monstres....

Izalguier malgré la véhémence de son enthousiasme et de son bonheur s'arrêta subitement sans achever sa phrase, car une inspiration pénible vint lui accuser le comte son père et le rendre complice de ce noir attentat.

Avec quelle impatience il lui tarderait dorénavant de quitter ces souterrains, puisque de grands devoirs lui resteraient à remplir, comme il allait chercher à tâtons une issue ou faire retentir de ses cris ces voûtes sonores pour appeler les amis ou pour braver les ennemis, il vit, ainsi que son écuyer qui ne savait s'il fallait s'en réjouir ou s'en tourmenter, une lueur dans l'éloignement et peu à peu se rapprocher de la salle circulaire où tous les deux erraient en ce moment.

XVI

Ennemis en présence.

Défions nous de la paix que nous offre notre ennemi.

Le lecteur doit se ressouvenir qu'une rangée de colonnes soutenaient la voûte de la salle ronde, et qu'au milieu se trouvait une table de marbre. Les colonnes n'étant pas scellées contre les murailles, mais avancées de quelques pieds vers le centre, formaient par cette disposition une sorte de portique intérieur à la rotonde; cette disposition permit aux deux aventuriers de se placer en secret derrière les colonnes afin de pouvoir reconnaître qui venait à eux et dans quelle intention on y venait, avant qu'ils se montrassent; l'avantage dans cette position était pour eux.

Ce n'était plus la clarté vacillante d'une lampe unique qui produisait cette lumière dont l'approche et la présence éclairèrent suffisamment la salle, mais plusieurs torches de poix résine enduite de cire et enflammée. Elles étaient portées par six hommes de mauvaise mine qui précédaient deux individus; dans l'un Izalguier et Paschal reconnurent avec surprise le sénéchal du château, mais à quel degré leur étonnement ne monta-t-il pas lorsque dans le second personnage ils trouvèrent le brigand Poulpiquet.

C'étaient donc les compagnons de ce misérable qui lui servaient d'escorte maintenant, et tout devait porter à croire aux deux amis que c'était à leur poursuite que l'on venait. A ce moment, Izalguier poussé au désespoir et se disposant à vendre cher sa vie, tirait déjà son épée et gardait dans la main gauche son bâton ferré qui lui servirait à la fois de bouclier et de massue, lorsque Paschal, plus par geste que par propos, lui montra les survenans plutôt en position d'attente qu'en action de gens qui en cherchent d'autres, l'écuyer ne se trompait pas, ils virent les bandits s'asseoir sans façon sur la table circulaire, tandis que le sénéchal, ayant pris une torche, s'en servait pour allumer des lampes et des candélabres, que la préoccupation des deux aventuriers ne leu avait pas permis de voir précédemment. Un peu de temps s'écoula, le sénéchal ayant achevé sa besogne, s'en retourna auprès de Poulpiquet. Les six voleurs voyant leurs flambeaux inutiles, les éteignirent, puis sans cérémonie, s'allongèrent sur la table qui leur servait de siège, et s'y endormirent presque instantanément, le silence régnait. Le chef des bandits fut le premier à le rompre, et, s'adressant à celui qui l'avait amené dans ce lieu :

— Sais-tu, lui dit-il, que la comtesse est moins pressée de me voir qu'elle ne le témoigne par ses messages ? pourquoi me fait-elle dire de me rendre ici, que je l'y trouverai, et je passe une heure à l'attendre.

— Capitaine, lui fut-il répondu, la compagnie d'un vieillard vous est donc si peu agréable, que des minutes vous semblent des quarts-d'heure; nous ne faisons que d'arriver, la comtesse tardera peu, elle n'est pas toujours libre d'agir à sa volonté.

— Dans ce cas, et pour ne point demeurer les bras croisés, il serait bon, mon vieux, sous votre conduite, de rechercher dans ces grottes, souterrains, salles, caveaux et corridors les deux hommes suspects qui s'y sont réfugiés.

— Je vous ai déjà dit, reprit le sénéchal, que vous êtes dans l'erreur, personne sans ma permission ne viendrait ici.

— Ne peut-on y arriver par les cavernes sépulchrales de l'église prochaine?

— Non, non.

— Pourtant j'ai poursuivi tantôt ceux qu'on m'avait désignés dans cette église, ils y ont disparu: un seul caveau était ouvert, nous y descendions, le diable ne l'a pas voulu, et nous a fait perdre la piste de notre gibier.

— Le diable! reprit le sénéchal surpris.

— Lui ou son délégué, un fantôme vêtu de noir, barré de rouge et orné de crânes, d'os décharnés, ne connaissez-vous pas le vieux Lapin.

— Croyez-moi, ne vous retrouvez pas sur son passage, il pourrait..... Voici madame la comtesse.

Ursule de Fontane, costumée avec encore plus de magnificence qu'elle ne l'avait été la journée précédente, arriva par un passage qu'Izalguier n'avait pas aperçu, il était fermé par une dalle de pierre d'une hauteur prodigieuse et artistement posée sur un pivot central et mouvant; une de ses femmes accompagnait Ursule, celle-là, munie d'une lanterne sourde qui projetait en avant un large faisceau de lumière. A l'aspect de la dame, le brigand se montra vivement ému, elle demeura impassible. Sur un geste qu'elle fit, le sénéchal et la caméristé s'éloignèrent, et la comtesse par un autre signal appela le brigand : l'un et l'autre vinrent à l'écart, et croyant se préserver de la curiosité de leur suite, se livrèrent à celle bien autrement périlleuse du vicomte et de l'écuyer.

— Il y a long-temps, Nébian Guillaume, dit la comtesse que nous nous sommes vus.

— A qui la faute, repartit aigrement le voleur,

Ursule soupire, puis dit :

— La prudence est souvent impérieuse !

— Et l'oubli, qu'en dis-tu ?

— Je ne suis pas assez heureuse pour le connaître.

— Dans ce cas, tu fais tout comme.... et Helmonde.

—Allez-vous dire aussi que je ne l'aime pas?

— Si elle était moins jolie, si elle ne te servait pas dans tes projets.

— Toujours ta méfiance, injuste !

— Je te connais.

— Et toi, toujours avide, affamé, quelle indigne lettre tu m'as dernièrement écrite.

— J'avais des besoins, aujourd'hui, au contraire, je peux t'offrir de l'or, je vaux mieux que toi : ton silence à cette instante demande le prouve assez.

— Mon silence ! tu n'as donc pas reçu ni mon messager, ni ma lettre, je te l'envoyais au prieuré de Saint-Martin.

— Ni l'un ni l'autre ne sont venus à moi.

— Vrai !

— Je te le jure, foi de voleur.

— Alors, que sont devenus et l'homme et le parchemin. Si celui-ci était tombé dans des mains ennemies.

— Nomme-les, je saurai la leur reprendre.

— Arnaud était fidèle.... Je m'y perds.

— Bon, peut-être il sera tombé parmi mes gens, ils étaient de mauvaise humeur, ils l'auront égorgé, et comme le plus habile ne sait pas lire, ton billet doux lui aura servi à recouvrir quelque pot de ménage. Qu'y disais-tu ?

Quelque joie brilla sur le front de la comtesse.

— J'y parlais d'Helmonde, je lui faisais épouser mon beau-fils, voilà pourquoi la prise d'Eumérie nous est si importante, elle ne verra la lumière qu'après le mariage consommé ; as-tu saisi le jeune homme ?

— Nous l'avons dépisté dans le cimetière, poursuivi au charnier, traqué dans l'église, il y a disparu ; en vérité, pour le faire sortir de la niche qui le cache, puisque ton sénéchal ne le croit pas, j'ai du regret de n'avoir pas mis le feu à l'église, car ce garçon y eût perdu la vie, et ton Hugues s'en fut mieux trouvé.

La comtesse se mit à lui rire à la manière du démon... Tout à coup, les sons d'une trompe éclatante et singulièrement sourde remplirent l'espace, et une voix pleine cria :

Sacrilège! voleur! adultère! assassin! Une fanfare lugubre suivit : les brigands assoupis, se réveillèrent subitement; et se croyant surpris par des troupes réglées, mirent l'épée à la main.

Poulpiquet, malgré sa féroce indifférence, jeta autour de lui un regard inquiet; et la comtesse, non moins effrayée pâlit, et dans son trouble, se mit à dire :

— Le voilà, ce funeste ennemi dont la vigilance me poursuit sans cesse, qui m'attaque dans mon propre château et sur lequel je ne peux mettre la main.

La comtesse se tut; car en même temps et à un prodigieux lointain, on ouït le tintement d'une cloche, qui toujours approchant, faisait entendre le glas de la mort ou l'appel plein d'horreur du tocsin; puis la voix que déjà l'on connaissait, profitant d'un instant de silence du battant d'airain, s'écria :

— *Que les morts sortent du tombeau, que les hymens adultères soient rompus.... Justice... vengeance... fallace...*

Si le brigand, la complice, le sénéchal et les voleurs eussent préférés être au milieu des forêts, Izalguier et son compagnon, quoiqu'en proie à quelque terreur légitime, comprenaient seulement que ce mystérieux adversaire était précisément celui dont le secours mettrait fin à leur embarras; aussi le vicomte comptait les heures qu'il passait sans travailler au bonheur de sa mère.

La comtesse, pour se distraire d'une si fâcheuse impression de terreur, et lorsque son inquiétude la dominait impérieusement, pour se soustraire à son pouvoir, se mit à dire en riant, au voleur!

— A propos, eh bien! que te semble de ce bonhomme, et un mouvement mystérieux indiqua le sénéchal. As-tu bien joui ou profité dans sa compagnie.

— Je suppose, répliqua Poulpiquet, que lorsqu'il s'agit d'investir quelqu'un de ta haute confiance, tu leur fais concourir le grand prix de stupidité : c'est bien le plus sot, le plus indigeste personnage.

— Parricide! tais-toi, dit la comtesse, essayant de modérer sa gaîté; car elle avait provoquée des paroles coupables.

— Oui, riposta le bandit, tandis que ses

regards s'attachaient avidemmment à examiner chaque trait du sénéchal. Lui... parbleu je ne m'y serais pas attendu... je devrais courir à lui, l'embrasser; et s'il allait me maudire... Une autre fois, cher père, je vous demanderai votre sainte bénédiction.

— Allons, dit la vicomtesse, dont la physionomie fut animée d'odieux sentimens. Tu es un homme, oublions le passé, songeons à l'avenir; j'ai voulu te parler pour voir si tu étais digne de ma confiance; l'épreuve en est heureuse; maintenant écoute-moi : Veux-tu le bonheur d'Helmonde!

— Je n'aime qu'elle ici-bas.

— Dans ce cas, travaille de concert avec moi pour lui faire épouser le jeune homme; car à ton exemple, c'est lui seul qu'elle aime dans l'univers; mais ne voudrais-tu pas poser sur ton front la couronne de comte, et devenir le souverain du plus beau pay sdu Languedoc? ·

— Bientôt , qui résisterait?

— Alors, le jeune homme est un obstacle; car si son père meurt, c'est lui qui hérite; et moi qui t'épouserais, t'apporterais sans lui ces riches domaines en dot....

— Sais-tu, Ursule, que ceci m'embarrasse; ma fille ou moi... moi ou ma fille. La nuit prochaine tu auras une réponse; comptes-y, adieu.

Poulpiquet ayant achevé salua profondément la comtesse, ses gens le voyant revenir à eux, se mirent à cheminer après avoir rallumé leurs torches, et le sénéchal les accompagna selon le devoir de sa charge, qui lui enjoignait de faire aux grands étrangers les honneurs du dehors autant que de l'intérieur du château.

La retraite de ces bandits ôta un poids

énorme de dessus le cœur de Pascnal Bonnet, et son sang se remit à circuler plus librement; le sire Izalguier lui-même ne fut pas indifférent à la cessation de ce péril direct. Dorénavant, il ne craindrait plus rien, car il connaissait à fond les secrets de sa marâtre; il venait en peu de mots d'en apprendre la vie odieuse. Helmonde était non sa nièce, mais sa fille, et devait le jour à Poulpiquet. Quelques propos que j'ai négligé de transcrire lui avaient prouvé pareillement qu'Hugues et Célénie pourraient, sans qu'on fut injuste à leur égard, être privés de la succession paternelle.

Mais certes, ces choses ont leur avantage; la certitude positive que la belle Eumérie était prisonnière dans ce château, ne pouvaient malgré son importance, attirer uniquement l'attention de son esprit; c'était sa mère, sa mère bien-aimée qui occupait presque uniquement les facultés de son esprit; impatient de l'arracher aux entrailles de la terre; il se prépara, dis-je à la disputer à une femme criminelle. Un seul point le tourmentait, c'était la présence de la cameriste d'Ursule, mais celle-ci, qui voulait aller visiter mademoiselle de Thezan, et qui n'avait confié à ses plus intimes le secret de son enlèvement, dans la crainte que des mercenaires ne le vendissent aux étrangers; celle-ci, dis-je, ayant vu s'éloigner Poulpiquet, les siens et le sénéchal, renvoya sa femme de confiance, retint une lanterne sourde pour elle, et quand elle crut n'être vue d'aucun être vivant, elle marcha vers une partie de la salle, où certes elle ne pensait pas que se trouverait l'homme dont la présence malencontreuse, lui deviendrait la plus désagréable.

Izalguier de son côté surpris de voir venir à lui la marâtre, ne soupçonnant ni son dessein, ni pourquoi elle se tournait de son côté, s'imagina qu'elle venait à lui parce qu'il en avait été aperçu et se sentant quelque honte d'être ainsi traqué dans son gîte, il se résolut à la prévenir, en même temps faisant signe à Paschal de ne pas abandonner son asile jusques à nouvel ordre; lui parut tout à coup aux regards confondus de la marâtre.

Elle, par frayeur, mécontentement, chagrin et dépit, s'écria et une douleur violente couvrit ses traits.

— Vous là, Gallois, dit-elle en cherchant à prendre un ton de supériorité qui ne lui appartenait plus.

— Oui, madame, répliqua-t-il, mais qu'a ma personne qui vous importune, lorsque celle de Poulpiquet et de ceux de sa bande ne vous a procuré qu'une émotion imperceptible, vous serais-je plus redoutable ou bien vous seraient-ils plus familiers.

— Et vous avez tout entendu, dit-elle avec un mélange de colère et de terreur.

— Tout, madame, tout dans l'ample acception du mot, car je sens en outre de ceci beaucoup plus qu'on ne pense.

— Heureusement que vous ignorez ce qu'en ce moment il vous eut tant valu de savoir : c'est qu'au moment ou vous vous figurez de vaincre une faible femme, moi qui prends à l'avance mes précautions, me suis mise en mesure, non de me délivrer de vous, si je veux, mais en outre, de faire de vous ce qu'il me plaira; et et comme il est bon que les effets suivent les paroles, vous allez voir dans peu lequel des deux sera soumis à l'autre.

Elle achève et se reculant, court à une colonne prochaine et saisit déjà un anneau qui, sans doute, va faire venir des satellites, mais Izalguier, sans chercher à l'épouvanter en courant sur elle, ce qui d'ailleurs aurait hâté la catastrophe, se contenta de lui dire avec une froideur alarmante.

— Prenez-y garde, madame, car si à neuf heures du matin, au plus tard de ce jour, je ne reparais auprès de mon père, celui-ci recevra d'une main sûre, et contre laquelle votre puissance et votre astuce seront vaines, des parties très curieuses de votre correspondance avec l'abominable Poulpiquet, entr'autres la dernière, celle ou vous faisiez de si étranges aveux. En m'aventurant dans les cavernes sombres, j'ai dû également songer à l'avenir, vous voyez si j'ai bien fait, femme d'esprit, de manège, peut-être pis encore. Dites-moi à quelles conditions vous vouliez me rendre la liberté, si elles sont pour le moins raisonnables, je m'y soumettrai amplement.

La comtesse prise à ce contre-piège ne cherchant pas à se retenir, garda quelque temps un pénible silence; enfin, comprenant que si son beau-fils pouvait la perdre, la nécessité voulait qu'on s'accommodât avec lui ou que l'éclat des choses fournit la victoire de son côté, ceci la détermina.

— Vous me demandez des conditions, eh bien! je suis plus généreuse que vous, revenez tantôt dans ma chambre, après que la liberté vous sera rendue, et alors maître d'accepter ou de refuser, vous ne direz pas que je vous violente! venez, suivez-moi.

Alors elle se dirigea vers la porte cerclée par ou elle était entrée, Gallois et Paschal la suivirent, et l'aspect de celui-ci l'affecta désagréablement, aussi s'arrêtant avant d'avoir franchi le seuil et s'adressant à Izalguier.

— M'en répondez-vous?

— Comme de moi-même !

Là, derrière était un escalier en colimaçon et quand on eut atteint la dernière marche une autre porte mue par le mécanisme de celle d'en bas, s'ouvrit et Izalguier à sa surprise et Paschal à son contentement, se trouvèrent dans l'oratoire de la comtesse, d'où ils purent sans bruit regagner leur propre appartement. Déjà l'aurore brillait aux cieux.

FIN DU PREMIER VOLUME.

LE BOUDOIR ET LA MANSARDE, par Michel Raymond et Carle Ledhuy; 2 vol. in-8 10 fr

La **CHAUSSEE-D'ANTIN**, histoire du marquis de Sainte-Suzanne, par Auguste Ricard; 2 vol. in-8, 10

NI L'UN NI L'AUTRE, suite de la *Chaussée-d'Antin*, par Auguste Ricard; 2 vol. in-8, 10

L'ESPION RUSSE ou **LA SOCIÉTÉ PARISIENNE**, par la comtesse O** D**, auteur des *Mémoires d'une femme de qualité sous Louis XVIII*, 2 vol. in-8. 15

Le **DEMON DU MIDI**, par Alfred de Serviez; 2 vol. in-8, 10

La **DANSE DES ESPRITS**, par Spindler; 2 vol. in-8, 10

La **PAYSANNE ET LE DANDY**, par Guy-d'Agde; 2 vol. in-8, 10

COMME ON GATE SA VIE, par Auguste Ricard, 5 vol. in-12, 10

LES TROIS AS, par Spindler; 2 vol. in-8, 10

PITIE POUR ELLE, par Louis Couailhac; 2 vol. in-8. 10

AVANT L'ORGIE, par Louis Couailhac; 2 vol. in-8, 10

COMMENT MEURENT LES FEMMES, par Carle Ledhuy; 2 vol. in-8, 10

LA BELLE PICARDE, roman historique, par Carle Ledhui; 2 vol. in-8,

REINE ET SOLDAT, par le baron de La Mothe-Langon; 2 vol in-8, 10

LA JOLIE FILLE DES HALLES, par Alfred de Beaulieu; 2 vol. in-8, 10

L'AMOUR D'UNE FEMME, par Charlotte de Sor, auteur des *Souvenirs du duc de Vicence*, 2 vol. in-8. 15

UNE FLEUR AU SOLEIL ou *la Femme aimable*, par Louis Couailhac, 2 vol. in-8. 10

LES PAGES DU ROI D'ARMENIE ou *l'Hôtel de Sens en 1375*, par Amédée de Bast, 2 vol. in-8. 10

Les **MEMOIRES DE LA MORT**, par Carle Ledhuy; 4 vol. in-8, 30 fr.

Les **VIEUX PÉCHES**, par Auguste Ricard et Maximilien Perrin; 2 vol. in-8, 15

Le **BOUQUET DE LA REINE**, roman historique par Amédée de Bast; 2 vol. in-8, 15

LA PRIÈRE DU SOIR, roman intime, par Carle Ledhuy ; 2 vol. in-8, 15

La **CLOCHE DU TRÉPASSÉ**, par le baron de La Mothe-Langon ; 2 vol. in-8, 15

Les **SOIRÉES DE TRIANON**, par E.-L. Guérin, auteur des *Nuits de Versailles*; 2 vol. in-8, 15

LA VIERGE MARIE, roman de mœurs, par Auguste Ricard ; 2 vol. in-8, 15

MEMOIRES D'UN FROTTEUR DE LOUIS DIX-HUIT ET DE CHARLES DIX, publiés par son fils l'avocat, et rédigés par Touchard-la-Fosse ; 2 vol. in-8, 15

Le **MARI DE LA COMÉDIENNE**, roman de mœurs, par Maximilien Perrin; 2 vol. in-8. 15

LA MAITRESSE DE MON FILS, 2 vol. in-8. 15

LA NIECE DU CURE, par le baron de La Mothe-Langon; 2 vol. in-8, 15

VIERGE ET MODISTE, par Maximilien Perrin; 2 vol. in-8, 15

LA PRINCESSE LAMBALLE et **MADAME DE POLIGNAC**, **MŒURS DE L'ANCIENNE COUR**, par Louis Guérin; 2 vol. in-8, 15

LE SECRET D'UN PRÊTRE, par madame Jenny Brenet, 2 vol. in-8. 15

LES DEUX BERCEAUX, par L. Couailhac, 2 vol. in-8, 15

LE CHAPELET DE RISQUE TOUT, par Carle Ledhuy, 2 vol. in-8,

LES DAMES DE LA COUR.

Mademoiselle de Charolais

ET

LA MARQUISE DE PRIE,

PAR E.-L. GUÉRIN.

2 *vol. in*-8. 10 *Fr.*

Les hommes d'état n'ont point manqué d'historiens dans ces derniers temps, et, grâce aux nombreux Mémoires publiés en France depuis une quinzaine d'années, les grandes figures du XVIIIe siècle nous sont connues; leurs vices et leurs vertus, les dilapidations dont ils se rendirent coupables, leurs bienfaits envers l'humanité, et les évènemens dans lesquels ils figurèrent, tout cela a été consigné dans d'innombrables volumes qui, tour à tour, ont occupé l'attention publique.

Mais jusqu'à présent on avait dédaigné de peindre et de retracer les principaux caractères des femmes de la Cour qui influèrent par leur esprit ou leur beauté sur les affaires publiques; et si on en excepte *la Pompadour* et *la Dubarry*, ces deux maîtresses du bon roi Louis XV, qui ont laissé de *prétendus Mémoires authentiques*, toutes les autres sont restées dans l'oubli.

Cette lacune, nous venons la remplir.

Loin de nous la pensée de nous présenter avec des témoignages apocryphes, et de dire : Le livre que nous publions a été écrit sous la dictée des personnages dont il retrace la vie ! Ce sont d'importans, de précieux papiers de famille, achetés au poids de l'or, que nous livrons à la publicité! Non, LES DAMES DE LA COUR ne seront pas de la famille de ces *véridiques* Mémoires, et le public, bien instruit de toutes ces supercheries mercantiles, ne pourra nous répondre : Vous avez menti à vos promesses ! car nous ne nous targuons point de *documens officiels* pour recommander notre publication à l'attention des lecteurs éclairés!

Le XVIIIe siècle est assez riche d'évènemens et de faits qui sont de nature à intéresser vivement la curiosité publique, sans y ajouter de mensongères anecdotes, de fausses révélations.

Nos DAMES DE LA COUR présenteront deux périodes. La première comprendra les dernières années du règne de Louis XIV, les premières de la libertine régence et le ministère du duc de Bourbon, de ce descendant des Condé, qui associa une femme adultère, la marquise de Prie, à sa vie d'homme public.

Quel plus vaste champ pouvait être offert à l'observateur, à l'écrivain consciencieux! L'hypocrisie impatronisée par madame de Maintenon à la cour de Louis XIV faisant place aux joyeuses orgies du régent, à cette vie libre qu'on ne se donnait même pas la peine de déguiser sous d'honnêtes apparences! La licence avec tous ses débordemens, la philosophie avec toutes ses erreurs et le vice dans son horrible laideur; puis après, une effroyable banqueroute qu'on chercha à rendre moins désastreuse par des moyens que le pouvoir absolu mettait en œuvre sans honte ni remords; des conversions de rente, l'opération du *visa* qui anéantissait tous les billets de la banque écossaise dont l'origine paraissait suspecte, et tous ces évènemens traversant l'époque la plus galante, la plus fastueuse de notre histoire!

Une bonne fortune de grand seigneur, l'enlèvement d'une petite bourgeoise, les infidélités et les caprices ruineux d'une fille d'Opéra occupaient alors l'attention à peine distraite par les opérations financières des frères Pâris et les malheurs qu'entraînait le système de l'Écossais Law.

Notre seconde période embrasse le règne de l'infortuné Louis XVI, roi faible et traîtreusement conseillé, martyr qui expia sur un échafaud les crimes de ses conseillers.

Pauvre aristocratie! que de fautes tu commis alors. Tu laissas égorger de nobles victimes, et le nom de la princesse de Lamballe se présente au milieu de cet holocauste que de sévères républicains crurent nécessaire pour sauver la France! A de brillantes fêtes, succédèrent d'horribles assassinats; à un calme trompeur.

d'affreux bouleversemens. Le peuple en guenilles mit le pied dans de royales demeures, et cette soif d'égalité qui dévorait la nation française enfanta des actions barbares et sublimes, fit éclater des dévoûmens héroïques, et des haines profondes. Au dénonciateur qu'un vil intérêt animait, on peut opposer d'honnêtes personnes se vouant à une mort certaine pour arracher au glaive de la loi d'innocentes jeunes filles, de tendres femmes dont l'unique crime était d'avoir un nom illustre.

Ce fut une grande époque, malheureuse et énergique tout à la fois, sublime et vindicative, mais dramatique surtout, et c'est sur le point de vue moral que nous l'avons parcourue, laissant à des plumes plus exercées que la nôtre le soin d'approfondir les causes qui amenèrent 89 et 93! A nous, il restait à peindre les mœurs régénérées de la cour de Louis XVI, les tentatives de réformes et d'économie qui ne furent essayées que dans le silence du cabinet; l'intérieur de la cour, et l'attitude pleine de dignité que le tiers-état prit à cette époque, n'est pas une des choses les moins curieuses à observer; et nous le répétons, nous nous sommes efforcés de peindre avec fidélité l'époque que nous retraçons, sans vouloir faire un appel aux passions politiques, sans chercher à froisser les convictions de qui que ce soit, et nous avons pris pour devise: La vérité quand même!

L'ouvrage est en vente.

SCEAUX. — Imp. de E. DÉPÉE.

www.ingramcontent.com/pod-product-compliance
Lightning Source LLC
LaVergne TN
LVHW020609110826
845149LV00002B/421

* 9 7 8 2 0 1 1 8 7 5 9 2 1 *